新疆

乳业品牌竞争力
提升研究

冯东河　王惠　主编

中国农业出版社

农村读物出版社

北京

本成果由新疆维吾尔自治区科学技术厅重大科技专项"奶业创新"项目"新疆乳业品牌竞争力提升研究"（2020A01001-4-3-2）资助。

编写人员

主　　编：冯东河　　王　惠

副 主 编：王锡波　　张学根

参编人员：杨　志　　薛晓波　　阿玛古丽·朱马汉

　　　　　刘金定　　蒲　娟　　张若琪　　阿依夏木

　　　　　阿岩·米尔卡马力　　周喜荣　　陈永琴

　　　　　高雪峰　　胡永青

前　言

　　奶业是现代农业发展和一二三产业融合的关键产业，其发展水平关系我国产业安全和人民健康，奶业振兴已成为全面落实乡村振兴战略和推进农业农村现代化的重要内容。为进一步提升奶业品牌影响力和扩大乳品消费市场规模，根据国务院办公厅《关于推进奶业振兴保障乳品质量安全的意见》（国办发〔2018〕43号）、农业农村部等九部委印发《关于进一步促进奶业振兴的若干意见》（农牧发〔2018〕18号）、农业农村部办公厅印发《奶业品牌提升实施方案》（农办牧〔2019〕29号）和农业农村部印发《"十四五"奶业竞争力提升行动方案》（农牧发〔2022〕8号）等文件精神，新疆维吾尔自治区农业农村厅、财政厅等9个部门和单位联合印发《新疆奶业振兴行动方案（2019—2025年）》，提出要突出新疆地域特点和品种特色，优化布局，实施差异化发展，实施奶牛布局优化行动，奶牛品质提升行动，优质奶源基地建设行动，奶牛场粪污资源化利用行动，奶牛优质饲草料保障行动，龙头企业培育行动。加快推进"疆字号"乳品品牌培育和优质乳品外销行动，开展奶酪、黄油等干乳制品和婴幼儿配方乳粉、乳清粉生产，开发高端乳制品品种，打造新疆特色优质乳制品品牌。鼓励开发马奶、驼奶、驴奶等特色乳制品，适应乳制品新型消费需求。到2025年，新疆牛奶产量达到270万吨，新增牛奶产量80万吨，把新疆建成全国奶业大区，积极融入和服务国家奶业振兴战略大局，助力乡村产业振兴。

乳品业是新疆重要的经济支柱产业。新疆乳品业拥有优越的资源，却始终处于我国乳品业竞争的劣势地位，根本原因在于新疆乳品企业缺乏核心竞争力，企业核心竞争力的灵魂是品牌竞争力。品牌竞争力包含了企业在资源、能力、技术、管理、营销、人力资源等方面的综合优势，它是形成并实现企业可持续增长的动力源泉，是企业核心竞争力的外在表现。企业现有的任何核心竞争力优势：资源优势、技术优势、人才优势、管理优势、营销优势最终都应转化表现为企业的品牌竞争力优势，只有这样，企业才能在激烈的市场经济竞争环境中取得可持续生存与发展。换句话说，企业生产经营工作的每一个环节都抓好了并形成了竞争优势，品牌竞争力也就水到渠成了。因此，分析、培育和提升新疆乳品企业品牌竞争力是新疆乳品业应对竞争和保持可持续发展的首要任务。

本书正是基于此目的，在新疆维吾尔自治区重大专项"奶业创新"项目的支持下，开展了关于新疆乳品企业的品牌竞争力提升方面的研究，系统梳理了国内外关于企业品牌竞争力构成及评价的理论与方法，结合乳品企业的特点，构建了乳品企业品牌核心竞争力评价指标体系，通过对新疆乳品企业与全国标杆乳品企业品牌核心竞争力的实证分析，客观评价了新疆乳品企业品牌核心竞争力的实际水平，找出影响新疆乳品企业品牌核心竞争力的关键因素，提出提升新疆乳品企业品牌核心竞争力的基本思路与对策，促进新疆奶业品牌竞争力的提升。全书共七章，包括绪论、我国乳制品产业发展现状、新疆乳制品产业发展现状、新疆乳企品牌社会认知度调查与分析、新疆乳品企业品牌竞争力评价、新疆乳品企业品牌竞争力提升的对策，以及乳品企业调研报告。

感谢新疆畜牧兽医局、新疆畜牧科学院领导专家在项目调研过程中给予的支持、协调和指导；感谢各地州县市乳企在项目调研时的支持和配合；感谢新疆农业大学经管学院蒲娟博士完成了本书第五章的编写和在课题数据分析中的付出；感谢中国农业大学动物科技学院张若琪硕士对第四章问卷数据的整理和分析；感谢课题组成员杨志、薛晓波、阿玛古丽·朱马汉、刘金定、阿依夏木等在项目调研、文献收集和整理、撰写乳企调研报告等工作中的付出；感谢本项目大课题的主持人王锡波、张学根为本书撰写提供思路及调研支持。

因作者水平有限，书中难免存在一些疏漏和不足之处，敬请读者批评指正。

编　者

2022.6.30

目 录

第一章 绪 论

一、研究背景及目的

（一）研究背景

为进一步提升奶业品牌影响力和扩大乳品消费市场规模，根据国务院办公厅《关于推进奶业振兴保障乳品质量安全的意见》（国办发〔2018〕43号）、农业农村部等九部委印发《关于进一步促进奶业振兴的若干意见》（农牧发〔2018〕18号）和农业农村部办公厅印发《奶业品牌提升实施方案》（农办牧〔2019〕29号）等文件精神，新疆维吾尔自治区农业农村厅、财政厅等9个部门和单位联合印发《新疆奶业振兴行动方案（2019—2025年)》（以下简称《行动方案》），提出将加快推进"疆字号"乳品品牌培育和优质乳品外销行动，开展奶酪、黄油等干乳制品和婴幼儿配方乳粉、乳清粉生产，开发高端乳制品品种，打造新疆特色优质乳制品品牌。鼓励开发马奶、驼奶、驴奶等特色乳制品，适应乳制品新型消费需求。到2025年，新疆牛奶产量达到270万吨，新增牛奶产量80万吨，把新疆建成全国奶业大区，积极融入和服务国家奶业振兴战略大局，助力乡村产业振兴。

在全球范围内，我国乳制品不具备显著竞争力，虽然我国的牧场发展很快，上市公司也在积极布局上游，但直到现在我国还是世界上第一大乳制品进口国。2018年我国乳制品行业毛利率在36%左右，而成本中直接材料占比87%。随着我国居民生活水平的提高，国内乳制品的消费需求量呈明显上升趋势。2018年中国乳制品消费量接近3 000万吨，但人均乳制品消费量远低于世界平均水平，具有较大的增长空间。《中国奶业年鉴》的数据显示，一线城市液态奶的渗透率超过90%，中小型城市的渗透率在50%左右，农村地区的渗透率仅为20%。业内人士指出，我国乳制品行业发展起步较晚，目前处于快速发展阶段，发展空间较大，特别是随着农村生活水平的不断提高，乳制品市场活力将得到进一步激发。

新疆奶业依然处在由数量扩张向整体优化、传统养殖向精细发展的转型阶段，在提质增效和扩大疆内外市场方面，《行动方案》提出，要突出新疆地域特点和品种特色，优化布局，实施差异化发展，实施奶牛布局优化行动、奶牛品质提升行动、优质奶源基地建设行动、奶牛场粪污资源化利用行动、奶牛优质饲草料保障行动、龙头企业培育行动；加快推进"疆字号"乳品品牌培育，建立完善乳业品牌产品标准化生产技术体系和管理体系建设，品牌产品严格依标生产，实施品牌培育和优质乳品外销行动、乳制品流通拓展行动、乡村及旅游消费拉动行动，推进奶业振兴。

（二）研究意义和目的

企业品牌竞争力的提高，能使一个"休克"的品牌起死回生，重新焕发强劲的生命力，这对于品牌参与市场竞争并获胜有着至关重要的意义。品牌竞争力的提高需要在完善产业链、企业治理、注重商业道德等方面真抓实干、坦诚相待，以此来增加品牌的抗风险能力和持续发展的能力。本文通过对新疆乳品企业品牌竞争力的研究，提出相应的对策，希望能够为乳品企业品牌竞争力的培育和提升提供科学的决策依据，并对国内相似的企业起到一定的借鉴和启迪作用。

本文根据品牌和品牌竞争力的基本理论，结合实地考察所获得的客观资料，深入研究乳品企业的品牌竞争力，为乳品企业进一步加深对品牌竞争力的认识、为政府的宏观调控提供理论分析，为乳品企业品牌竞争力的提高提供有益启示和理论支持。对于品牌竞争力的研究有两个重要的意义：

1. 理论意义

就目前国内外品牌竞争力的研究文献来看，对品牌竞争力的研究偏重于品牌在市场上的表现能力，缺乏对品牌竞争力来源的系统研究。目前尚未对品牌竞争力评价体系进行全面、系统的研究，而且对乳品企业品牌竞争力的论述更少，对这一领域的研究主要集中在乳品企业品牌战略、品牌管理等方面。本文以乳品企业的经营和市场竞争实践为出发点，切实分析乳品企业的品牌竞争力来源和形成机理，根据研究对象确定了指标体系和评价方法，具有一定的理论意义。

2. 现实意义

品牌竞争力是指企业的品牌拥有区别于其他竞争对手或在行业内能够保持独树一帜、能够引领企业发展的独特能力。这种能力能够在市场竞争中显示品牌内在的品质、技术性能和完善服务。关于品牌竞争的研究，是直接面对现实问题，回答现实经济中出现的热点理论问题，因而具有很强的现实意义。其主要表现在：

第一，从合理布局规划、科学引导、重点扶持与发展等几个方面为政府在国家宏观调控和引导管理方面提供了借鉴与参考。

第二，通过相关理论、模型、客观数据的分析为我国乳品企业树立正确的品牌观念，为乳品企业制订品牌战略和策略，提高企业的品牌竞争力提供理论依据。

二、国内外研究现状

（一）国外研究状况

总结国外对品牌竞争力的研究主要集中在以下四个方面：

1. 从品牌的性质角度探讨品牌竞争力内涵

在如今的市场经济中，人们越来越广泛关注品牌及其价值，有关品牌价值的相关理论也得到不断地发展。不同的学者鉴于不同的目的和角度，对品牌价值的研究各有不同。综合国外的品牌价值研究相关文献，迄今为止，学术界对品牌价值的研究内容主要包括品牌价值内涵、品牌价值来源、品牌价值提升及评估。对于品牌价值的内涵，Quelch. J.A 和 Kenny.D 认为，品牌就是被用来识别卖主产品的某一名次、词句、符号、设计，以及它们的组合，把品牌价值等同于商标的价值看待。BielAlexander.L 认为，品牌价值是品牌给产品或服务带来的现金流。Farquhar.P.H 认为，品牌价值是品牌给产品带来的超额使用价值的附加价值或附加利益。Kamakura.W 和 G.Russell 认为，品牌价值是消费者对品牌的整体偏好效用，并将其分为有形价值和无形价值，其中，有形价值是指消费者对重要实体属性的效用，而无形价值则是品牌价值中无法直接归因于实体属性的部分。对于品牌价值的来源，至今也未形成一致的观点。综合国外的相关文献，学者们主要是从财务和营销两个视角来诠释品牌价值的。这方面国外学者研究了品牌发展经历的五个阶段：销售者市场阶段、营销阶段、传统的品牌营销阶段、顾客驱动营销阶段和消费者成熟阶段。对品牌性质的认识也从"标识"逐步发展为"资产""信息"和"关系"等。强调品牌不仅具有功能性价值，而且具有情感性价值。从这一角度，对品牌竞争力的内涵形成了契约说、能力说、附加值说等不同的观点。

2. 从消费者的品牌选择角度探讨品牌竞争力的价值

消费者对品牌的选择也有一定的影响因素，这些因素包括价值因素、心理因素、环境因素和行为因素等。第一，从价值因素和心理因素来看，英国学者S.King认为，品牌被喜爱不仅由于其功能性价值，而且由于其心理和社会价值，认为产品功能性价值和品牌的可持续心理价值同样重要。第二，从消费者行为看，Thomas J.Reynolds和Jonathan Gutman提出要运用适当的方法来了解顾客选择品牌产品时的价值观体系，使用阶梯询问方式来逐渐深入调查消费者对产品特性的联想与要求，从而帮助企业有针对性地创建消费者所喜欢的品牌，并不断调整品牌形象。Jagdish N.Sheth研究了影响消费者选择产品行为的五种消费价值并提出"消费价值理论"，他说明了一些消费者为什么要保留对全部品牌产品的选择权，而不愿意持续地购买同一种品牌产品的现象。第三，从产品特征角度来看，Stephen M.Nowlis和Italllar Simonson运用"敏感性递减原则"和"行为不确定性原则"研究发现，产品特征对消费者品牌选择的影响取决于该产品特征本身的特性、该特征所依附的产品特性、购买性质及竞争环境；产品新特征对产品品牌选择的影响程度取决于消费者对该产品购买的不确定程度，消费者对产品已有特征了解越少，则不确定性程度越高，新增加的特征就越不能影响消费者的选择。由于敏感性递减原则比行为不确定性原则产生的影响更大，所以，具有相对低劣特性的产品和与低质量相联系的品牌在添加新特征时获得的收益更多。

这方面国外学者主要是侧重研究品牌对消费者选择的影响。认为影响消费者选择的主要因素有消费者的需要和消费价值。并进一步指出消费者的需要包括：消费者的功能性需要、产品的象征性需要、消费中体验性需要等。消费价值包括：功能性价值、象征性价值、社会性价值、情感性价值和知识性价值。从这一角度认为，品牌竞争力的价值在于有效地减少消费者行为不确定性的影响，帮助消费者满足需要和实现消费价值。

3.从品牌的创建与管理角度探讨品牌竞争力的作用

Burleigh B.Gardner和Sidney J.Levy通过介绍品牌的个性因素和理性价值，要创造性地运用广告资源来为品牌建设进行长期性投资。Judi Lannon和Peter copper运用人类学、心理学理论在研究广告和文化时提出了品牌创建中的情感主题。C.Whan Park、Bemard Jawocski和Deborah J.Masinnis提出了一个以战略品牌概念为指导的形象管理模式，指出品牌是提供功能性、象征性和体验性利益的一种综合性联想与感受，从而帮助管理者选择理想的品牌形象，并随着时间的变化不断调整与管理好品牌形象。David Shipley，J.Hooley和Simon Wallace通过对英国公司品牌命名过程的实证研究和品牌设计目标的分析，提出了包含六个步骤的"品牌命名模型"。Stephen Brown提出创建品牌形象的关键是企业注重品牌宣传信息的质量，注重其吸引力、联想力和创造力。John M.T.Balmer说明了公司品牌的重要性与管理方法并指出：有效的品牌竞争方法之一是将企业名称作为"大伞"，在伞下命名各个产品的品牌。

De Chernatory L.指出，传统的制造商品牌管理模式面临六大挑战，并提出企业新品牌管理模式。可以看出这方面国外学者主要是从人类学、心理学和信息论等理论，探讨任何创建有吸引力的品牌形象，提升品牌的文化内涵。在品牌管理方面提出要提高产品的增加价值、强调品牌竞争中的合作关系、注重品牌创新、有效利用宣传手段、增加消费者的参与价值和组建品牌管理团队等。从这一角度认为，品牌竞争力的作用在于传递品牌的核心价值、扩大品牌的比较优势，提高市场竞争力。

4. 从品牌的权益角度探讨品牌竞争力的基础

在西方品牌理论研究中，许多学者把品牌价值理解为品牌权益在对其概念的解释方面，Aaker David 认为品牌权益就是品牌力量，由五种因素构成，即品牌忠诚、知晓度、感受到的质量、品牌联想和其他品牌资产。Rubinstein Helena 认为品牌所要传递的价值包括：品牌宪章，即品牌的传播、管理和实施；品牌要素，即功能、个性、形象、差异性要素和信息权威来源要素，以及品牌对组织的四种影响。关于对品牌价值的评估，英国的英特品牌公司将品牌权益看作是品牌价值，将品牌作为一项无形资产，在出售时具有确定的价格并具有列在资产负债表上的金额价值，该公司设计衡量品牌价值的公式被广泛应用。这方面国外学者认为品牌的权益是顾客已有的品牌知识导致的顾客对品牌营销反映的差别化程度。从这一角度提出，品牌的顾客价值优势所导致的品牌忠诚度是品牌权益的最直接表现，是品牌竞争力的基础。

综合国外学者的研究，主要特点是大量运用了社会学、心理学、传播学、信息论、经济学、会计学、营销学和广告学等知识，对品牌进行了多角度交叉研究。但对品牌竞争力的研究尚未形成系统和完整的体系。

（二）国内研究状况

中国学术界对于品牌的研究始于20世纪90年代，由于研究基础薄弱，市场经济机制不够完善，本土品牌缺乏国际竞争力，还不能成为真正意义上的企业核心竞争力之源等原因，在一定程度上制约了学术界的研究。目前我国学术界对品牌及品牌竞争力的研究，主要有以下观点：

张世贤较早提出"品牌竞争力"的概念。他认为，品牌价值就是品牌竞争力的具体体现，一个品牌有无竞争力就是要看它有没有相对优势的市场份额，有没有一定的溢价能力。同时提出从知名度、忠诚度和美誉度三个方面结合来衡量品牌竞争力的强弱。在市场规模一定的条件下，三者之间的差别越小，品牌竞争力也一定越强。胡大立借助物理学的"力"与"势"概念来解析品牌竞争力与品牌竞争优势的关系。他认为，竞争优势与竞争力的关系同理于物理学"势"与"力"的关系。势是一种潜在的能量，而力是一种现实的力量。通过一定的条件作用，这种潜在的能量能转化为现实的力量。他分析了品牌在市场竞争中角色的转变历程，认为主要有四个历程：竞争区别物阶段、竞争手段阶段、竞争要素阶段和竞争主体阶段。

范秀成提出了基于价值创新的品牌竞争力构建理论。他认为，价值创新是一种新的战略思维，通过提供优越的或全新的顾客价值，来获得市场扩张或创造新的市场空间，其核心是赢得顾客，而不是打败竞争对手。我国品牌竞争力的提升需要转变战略思维，以创造优异的顾客价值，获取品牌竞争优势。

白玉等则认为，品牌竞争力是品牌在竞争的环境中，为谋求企业长远发展，通过对自身可控资源的有效配置和使用，使其产品和服务比竞争对手更好、更快地满足消费者的需要，为企业提供超值利润的能力。它是企业经过整合的一个总体能力，可从品牌市场能力、品牌管理能力、品牌关系能力和品牌基础能力四个方面对其进行理解和把握。周玫等对从企业内部品牌管理角度出发的品牌竞争力评估模型进行了改进，认为品牌竞争力的评估应注重品牌未来的市场表现，应着重考察品牌的未来收益能力；品牌竞争力的评估应该反映品牌竞争力的主要来源，提供给企业有助于改进经营管理的信息；测评方法应具有可操作性；测评指标应具有灵敏性，通过测评可以及时反映品牌竞争力的实际变化。

周玫等对从企业内部品牌管理角度出发的品牌竞争力评估模型进行了改进，认为品牌竞争力的评估应注重品牌未来的市场表现，应着重考察品牌的未来收益能力；品牌竞争力的评估应该反映品牌竞争力的主要来源，提供给企业有助于改进经营管理的信息；测评方法应具有可操作性；测评指标应具有灵敏性，通过测评可以及时反映品牌竞争力的实际变化。

沈占波等认为，品牌竞争力是一个综合性的市场现象，是多种力量和因素共同作用的结果。品牌竞争力指标体系是一个复合性的体系。从大的方面讲，品牌竞争力可以划分为外显性指标体系和潜力性指标体系。外显性指标体系是品牌竞争力的表征，主要衡量品牌竞争的结果，反映品牌的市场地位和竞争状况；潜力性指标体系反映企业品牌竞争力的基础和为保持与发展市场地位、获取竞争优势进行的各种资源投入状况。

李光斗认为，品牌竞争力是指企业的品牌拥有区别或领先其他竞争对手的独特能力，能够在市场竞争中显示该品牌产品具有良好的、内在的产品功能要素，如用途、品质等；外在的企业和产品的形象要素，如图案、色调、包装、广告等；以及把握好消费者的心理要素，如对企业及其产品和服务的认知、感受、态度、体验等的基础上，引起消费者良好的品牌联想，进而促进其购买行为。同时从品牌核心力、品牌市场力、品牌忠诚力、品牌辐射力、品牌创新力、品牌生命力、品牌领导力、品牌文化力8个方面论述了品牌竞争力的形成与保持。

季六祥探讨了品牌的内涵。他认为，在经济全球化过程中，新的竞争态势集中表现为以品牌竞争力为核心的多态竞争。品牌竞争力广义上涵盖企业、产业、区域、国家或国际诸多层面上的竞争力；狭义上则指品牌在竞争性市场中所具有的能持续地比其他品牌更有效地获得市场认同与支持的整体形象特质，亦可称之为企业形象的整体竞争力，即以企业形象为核心，关于企业战略、管理模式、技术路线、企业文化及信息化支持等形象要素的有效整合。他对中国品牌竞争力处于劣势的原因，从企业和产业层面进行了分析，提出了中国品牌竞争力的治理模式。

关于品牌竞争力评价的研究主要包括：许基南构建了"品牌竞争力分层体系"，通过金字塔形式从底到顶分为品牌基础能力层、品牌管理能力层和品牌市场能力层三个层面来解析品牌竞争力，在每个层面上设置一定量的相关指标，采用适当方法收集数据和赋值进行定量评价。沈占波对品牌竞争力评价指标体系进行了更为深入的研究和细致的划分，并分别构建了品牌竞争力的潜力性指标体系和品牌竞争力外显性指标体系。张启胜将品牌竞争力指标体系分为评价性指标体系、解释性指标体系和基础工作指标体系三大类。宋京认为，品牌竞争力的衡量要考虑两个方面，静态地看，品牌竞争力表现为一定时期内的销售额和盈利额；动态地看，品牌竞争力应表现为市场份额的不断上升。熊超群认为，品牌是消费者对产品了解的全部知识，包括对产品关联的综合因素，这些综合因素体现了企业的综合竞争力，因此将品牌竞争力分为人员素质、研发与创新能力、经营管理能力、市场运作能力和企业文化五个方面。

胡大立则将市场占有率、超值利润率、扩张潜力和知名度、美誉度和忠诚度作为反映品牌竞争力的指标体系。

综合上述研究，可以看出我国品牌竞争力研究取得了诸多成果，但仍存在四个方面的问题：

一是关于品牌竞争力的内涵和构成认识不清。

二是品牌竞争力的评价方法比较粗略，造成评价结果可信度低，适用范围有限。

三是定性与定量相结合考虑不够，评价过于依赖专家的定性评价，科学性难以得到有效保证。

四是搬套国外的评价体系和方法，与国情和时代特征结合不够。

三、相关理论概述

美国一百多年前产品无品牌，导致批发商垄断市场，制造商妥协，减价供货，消费者无选择余地。随之制造商开始为产品命名，利用广告宣传产品特色和形象，吸引消费者指名购买，迫使零售商及批发商认牌进货，消费者把品牌作为购买商品的依据。随着市场的进一步细分，消费者选择的多样化和产品生命周期的缩短，信息爆炸，人类进入"浅资讯时代"，经济存在不稳定性，市场存在多变性，未来只有强有力的品牌才能在市场上生存。

（一）品牌的定义

品牌，俗称牌子，是本文研究的一个重要概念。品牌的定义最早是从品牌的功能角度来界定的，品牌是产品识别的符号、标记。之后许多研究和学者对于品牌则有许多不同的见解：美国市场营销协会AMA（American Marketing Association）给品牌下的定义是：品牌是一个名称、术语、标记、符号或图案设计，或者是它们的不同组合，用以识别某个或某群销售者的产品或劳务，使之与竞争对手的产品和劳务相区别。大卫·艾克认为，"品牌是一种可辨识的名称和符号，用于辨别某一或群销售者的商品或服务，并使之与竞争者的产品或服务区分开来。因此，品牌就是一种让顾客了解相关产品来源的信号。它保护了顾客和产品制造者不受那些企图销售类似产品的竞争对手的感染。"艾克在后来的研究中对品牌的概念做了进一步的延展，认为品牌就是产品，品牌就是企业，品牌就是人，品牌就是符号。菲利普·科特勒认为，品牌的要点是销售者向购买者长期提供一组特定的特点、利益和服务。最好的品牌传达了质量的保证。著名品牌研究学者杜纳E.科耐普认为，品牌是某产品或服务拥有的广为人知的名字。韩光军认为，品牌是指能够体现产品个性的、在产品之间加以区别的特定名称、标志物、标志色、标志字及标志性包装等的综合体；它是消费者记忆商品的工具，是有利于加强消费者记忆的媒介。郭洪对品牌的基本含义进行了分析，认为：第一，品牌是主使自己产品和服务区分开来的符号集，这是品牌最基本的功能；第二，品牌是经营管理活动的结果，是组织文化的公开展示；第三，品牌是一种无形资产和资源，能够提高产品与服务的附加价值。

综上所述，品牌有多种含义，从法律的角度来看，品牌是一种产品或劳务的注册商标；从市场的角度来看，品牌是在市场交易中卖者提供给买者的一种标识，以及一系列传递产品特性、利益、文化和联想的总和；从企业的角度来看，品牌代表企业规模、产品质量、技术和企业形象等，是企业重要的无形资产，是企业扩大市场份额、获取垄断利润的利器。

品牌不仅是由一系列活动创造的象征和联想，而且是企业的一项重要的无形资产，是企业通过长期的投入积累而形成的一种无形资产，而且形成品牌的投入不仅包括营销方面的广告投入，同时还包括企业在技术、生产、管理等方面的综合投入；其次，品牌是一种竞争手段，它形成一种产品与另一种产品的差异，因而构成对市场的一种垄断，品牌是企业占领市场和获取垄断利润的利器。

本文对品牌的定义是：品牌是由市场属性和产品属性组成的一个系统。品牌的市场属性是指包括商标在内的一系列传递产品特性、利益、联想、文化、价值观和个性等活动的总和；品牌的产品属性是指品牌代表着的企业规模、产品质量、技术和企业形象等。品牌是产品属性和市场属性的综合体现，是企业与顾客之间的关系性契约。

（二）品牌竞争力理论

品牌竞争的实质就是竞争主体在法律和社会习惯允许的范围内，充分利用自己的技术、产品质量、服务质量和营销手段打响自己的品牌，并在这一过程中挤压别人的品牌，以达到提高市场占有率和获取垄断利润的目的。然而，品牌竞争并不是简单地在自己生产的商品上打上商标或通过各种传媒为自己的产品做广告，品牌竞争实际上是一种全方位的竞争。

1.品牌竞争力的特征

品牌竞争力是指企业的品牌拥有区别或领先于其他竞争对手的独特

能力，所以品牌竞争力与企业核心竞争力的特征具有高度的一致性，具体包括以下几方面：品牌竞争力具有不可替代的差异化能力，它是企业所独具的能力，是竞争对手不易甚至是无法模仿的；品牌竞争力具有能使企业持续盈利的能力，更具有获得超额利润的品牌溢价能力；品牌竞争力统领企业其他所有竞争能力，是处在核心地位上的能力；品牌竞争力是企业长期积淀下来的能力，深扎于企业之中，一般情况下，不会随环境的变化而发生质的变化，因此具有持续性和非偶然性的特点；品牌竞争力具有延展力，使企业得以扩展应有的潜力；品牌竞争力具有构建竞争壁垒的能力。

2. 品牌竞争力与品牌价值的关系

品牌竞争力和品牌价值有着内在的本质联系。品牌竞争力是企业占有和运用关系资源的能力。品牌价值是品牌所有者因占有和运用一定的关系资源而形成的竞争优势所带来的全部利益的总和，品牌的价值主要表现在对本品牌消费群体或市场的独占所产生的超额利润。品牌竞争力的提升有助于品牌价值的提升。同样，品牌价值的提升有助于品牌竞争力的增强。

但需要指出的是，企业品牌价值通常是对企业品牌的总价值进行的估价，它与企业总体品牌竞争力具有一致性。但由于企业经营的多元化、差异化和侧重点不同，具体到某个细分市场，企业品牌价值与企业在具体某个细分市场的品牌竞争力可能存在不一致。

3. 品牌竞争力与核心竞争力的关系

根据不同的层面，竞争力可以分为产品竞争力、企业竞争力、产业竞争力和国家竞争力。每个企业都或多或少地具有一定的竞争力，否则就不可能在市场竞争中生存，但未必具有自己的核心竞争力。而核心竞争力通常是指企业所具有的不可交易（不可竞争）和不可模仿的独特优势，它具有能使企业持续盈利、处在企业核心地位、深扎于企业之中及延展性强、可构建企业竞争壁垒等方面的特征。一个连续成功的企业必定有其核心能力，这种能力需要开发、培养、不断巩固及更新，因为即使建立了核心竞争力，也还有可能再瓦解。如何保持企业的竞争力就成了企业经营管理中的重要问题。

企业核心竞争力最终体现在消费者价值和企业自身利益方面，前者表现为市场占有率和消费者满意度，而后者则表现为企业的盈利和发展。所以说，企业核心竞争力的灵魂是品牌竞争力。

品牌竞争力包含了企业在资源、能力、技术、管理、营销、人力资源等方面的综合优势，它是形成并实现企业可持续增长的动力源泉，是企业核心竞争力的外在表现。

品牌竞争力是企业核心竞争力在市场上的物化和商品化的外在表现。企业现有的任何核心竞争力优势：资源优势、技术优势、人才优势、管理优势、营销优势最终都应转化表现为企业的品牌竞争力优势，只有这样企业才能在激烈的市场经济竞争环境中取得可持续生存与发展，保证企业的长治久安、长盛不衰。换句话说，企业生产经营工作的每一个环节都抓好了并形成了竞争优势，品牌竞争力也就水到渠成了。成功的企业必定有自己的核心竞争力，这种能力是独一无二的，是不能被对手所模仿和抄袭的。核心竞争力是企业赖以生存和发展的关键要素，可以是企业所控制的资源、专利技术、管理方法、营销渠道、文化等。在日益多变的市场条件下，在市场权利结构向消费者转移的情况下，品牌已经成为赢得顾客忠诚和企业求得长期生存与成长的关键，品牌竞争力已事实上成为企业的核心竞争力。

4. 品牌竞争力的层次

品牌竞争力可以表现为多层次的竞争力，大致可以区分为产品层次的品牌竞争力、企业层次的品牌竞争力、产业层次的品牌竞争力和国家层次的品牌竞争力等四个层次。

(1) 产品层次的品牌竞争力　产品层次的品牌竞争力是指具体一种产品或劳务在不同企业的品牌之间产生的竞争差异。产品层次的品牌竞争力是品牌竞争力的最根本落脚点。品牌标志着它所代表的产品在市场上所占有的份额。用品牌来扩大产品的影响，提高产品的竞争力，拓展市场占有率，是跨国公司实现全球战略的一个锐利武器。这是因为任何一种产品的生产都是暂时的，有生命期的，最终总会被其他产品所代替，而品牌则可以是永久的。因此，一旦形成世界名牌，其产品在国际市场上可以所向披靡。

(2) 企业层次的品牌竞争力　企业层次的品牌竞争力是指在同一产业领域不同企业的品牌之间产生的竞争差异，其竞争范围可以在一个地区、一个国家范围内展开，也可以在全球范围内展开。企业是品牌竞争的唯一核心主体，它们是品牌的培育者、品牌的所有者、品牌的受益者和品牌竞争风险的承担者。

(3) 产业层次的品牌竞争力　产业层次的品牌竞争力是指在不同国家或同一国家不同地区之间在同一产业领域的品牌竞争差异。一般来说，不同国家或地区都有自己的相对优势产业品牌和相对劣势产业品牌，从不同国家的角度来看，人们一谈到家电产业，就会想到日本；一谈到香水，就会想到法国；一谈到机械，就会想到德国；一谈到瓷器，就会想到中国。从一国的不同地区的角度来看，如上海的轻工产业、景德镇的瓷器、新疆的哈密瓜等都具有很大的品牌效应。

（4）国家层次的品牌竞争力　　国家层次的品牌竞争力是指以国家作为一个整体与其他国家之间的品牌竞争差异，它涉及的是一国产品和劳务的整体形象和实力。比如人们通常对美国品牌、日本品牌、中国品牌等都会有一个整体印象和评价。从国家层次的品牌竞争力来看，中国品牌竞争力在国际市场上仍处于明显的劣势，中国货在一定程度上仍然是"劳动密集型产品""低档产品""低价产品"的代名词。本文研究的主要是企业层次的品牌竞争力。

（三）品牌竞争力模型

1. 传统的三度模型

主要认为品牌竞争力由知名度、美誉度和忠诚度构成。

2. 基于层次力的模型

李光斗等学者认为，品牌竞争力由八个层次力构成，它们分别是品牌的核心力、市场力、忠诚力、辐射力、创新力、生命力、文化力和领导力。从核心力向领导力依次延伸递进。

3. 基于评价指标的模型

国内学者李勇等提出品牌竞争力由若干指标构成。其中，一级指标为品牌竞争力；二级指标为品牌产品销售额、品牌产品盈利额、品牌市场占有率、品牌延伸和创新、品牌质量、品牌满意度、品牌忠诚度；品牌延伸和创新可用品牌延伸的数量、品牌延伸的速度、品牌创新的数量、品牌创新的速度来测定，品牌质量可用产品质量和服务质量来测定，其他五个二级指标，可设置相应的三级指标来测定。

艾丰等学者认为，品牌竞争力由三个方面指标构成：品牌的市场占有能力，其代表性指标是产品的销售收入；品牌的超值创利能力，即拥有的超过行业平均利润水平的能力，其代表性指标是利润和销售利润率；品牌的发展潜力，其代表性指标是品牌的注册状况、使用时间与历史、营销力度等。

4. 基于顾客价值的模型

周玫等学者认为，品牌竞争力主要由顾客价值优势因子、市场占有率和超额利润率构成。其中顾客价值优势因子 =（品牌产品价值 - 品牌产品成本）/（竞争品牌产品价值 - 竞争品牌产品成本）。

5. 世界品牌实验室的评价模型

世界品牌实验室提出用品牌的世界影响力来作为评判的依据。品牌影响力是指品牌开拓市场、占领市场并获得利润的能力。品牌影响力有三项关键指标：市场占有率、品牌忠诚度和全球领导力。每个指标评分标准为 1～5 分，1 分表示一般，5 分表示极强。

（四）乳品企业的品牌竞争力

品牌竞争力是指企业通过对资源的有效配置和使用，使其品牌比竞争对手的品牌更好地满足消费者的需求，从而在扩大市场份额，获取高额利润方面与竞争品牌在市场竞争中产生的比较能力。

本文认为乳品企业的品牌竞争力，是指乳品企业核心竞争力的综合性外在表现，是指拥有区别于其他竞争者或者在行业内保持独特的个性，使其品牌比竞争对手的品牌更好地满足消费者的需求，从而在扩大市场份额，获取高额利润方面与竞争品牌在市场竞争中产生的比较能力。乳品企业品牌竞争力包含了乳品企业在资源、经营管理能力、技术、服务等方面的综合能力，是实现乳品企业可持续增长的源泉。

第二章　我国乳制品产业发展现状

一、我国乳制品产业发展阶段

自1978年以来，我国乳制品产业的发展经历了五个重要的阶段。

第一个阶段是1978年至1992年，这一阶段是乳制品行业基数低、快速成长阶段。奶类产量以年平均13.6%的增长率增长，到1992年全国奶类产量达到563.9万吨，是1978年97.1万吨的5.8倍，全国奶畜存栏数从1978年的47.5万头增加到1992年的294.2万头，是1978年奶畜存栏数的6倍之多。但这个阶段产业链上各个环节都不发达，奶源主要是农户散养，产品结构也很单一，销售网络基本只限于区域。

第二个阶段是1993年至1999年，这一阶段是我国乳制品产业的结构调整阶段。1993年2月18日，经呼和浩特市经济体制改革委员会批准，呼和浩特市回民奶食品总厂整体进行股份制改造，成立"内蒙古伊利实业集团股份有限公司"。这个后来引领中国乳业大旗的企业才刚刚踏上发展的步伐。从1995年起，雀巢、卡夫、达能、帕玛拉特等乳业大亨先后在我国建立奶品生产基地和营销网络。他们带来了资金、技术、先进的管理经验。我国的乳品企业也正是在这段时期开始大规模发展的，从国外引进先进技术和设备，整体水平上了一个台阶。这个时期中国的乳制品行业每年以2位数的增长率迅速发展，同时出现了3 000

多家中小乳品企业。但中国的乳制品主要分布在黑龙江、内蒙古、山东等畜牧大省，其他省份资源分散。所以导致很多企业奶源不足，而产业化的一条龙链式发展对很多企业来说只能是战略构想，无力也无法实施。1996年上海光明乳业有限公司成立，其依靠充足的资金和先进的管理理念，迅速成为中国乳业的前三强企业，屹立华东雄心全国。1997年之后，以内蒙古伊利集团为首的一批较为领先的乳制品企业率先引进国外的先进技术，对产品进行改革和创新，将产品发展的中心转移到了液态常温奶上。1999年7月，蒙牛乳业由自然人出资成立。随后中国乳业的格局被蒙牛的航天速度所改变。随着中国市场化程度的日益成熟，企业的竞争也越发激烈。同时国内乳制品行业产业链发展迅速而且呈良性发展。

第三个阶段是2000年至2008年，是乳制品行业外延式扩张阶段，受益于人均可支配收入的大幅增长，奶制品的消费需求高速增长，以量为主，蒙牛和伊利等乳制品企业大规模扩张，乳制品销量年复合增长率达到23%。2002年以后，家乐福、欧尚、沃尔玛、百安居等外资企业相继进入中国零售市场，主攻大型综合或专业超市，引发了中国零售市场"跑马圈地"，竞争如火如荼。实际上，竞争最为激烈的是大卖场等高端市场，外资所控制的份额占到50%以上，中国零售企业只是在低端市场扩张。随着高端市场份额的飞速增长，中低端市场份额将逐渐萎缩。大卖场的进入一度引发乳品行业的营销危机，其烦琐专业的管理和高昂的运营费用让乳品企业头痛不已，这无疑也改变着本来就在竞争中备受煎熬的乳品企业。期间无抗奶、还原奶、早产奶等事件都曾深深地刺激了国人追求健康和营养的敏感神经，使得人们的健康意识与日俱增。2004年乳制品的产量为2 368万吨，比十年前增长了2.5倍，人均奶类占有量达18.2千克，其中液态奶产量增长了14.4倍；乳制品工业总产值达663亿元，比十年前增长了7.5倍；城镇居民家庭人均乳制品消费支出达124.7元，比十年前增长了3.0倍。2005年乳制品的产量为2 443万吨，增长幅度趋缓，全年人均消费液态奶制品18.79千克，奶粉0.51千克，酸奶2.90千克。奶粉消费量比上一年下降7.8%，液态奶和酸奶均比上一年有小幅增长，其中液态奶制品增长1.2%，酸奶增长12.7%。2005年，全国乳制品行业实现销售收入863亿元，同比增长38%；实现利润总额49亿元，同比增长45%，行业呈现良好的发展态势。2007年，中国的乳制品企业近1 600家，这一阶段乳制品企业的投入重点在渠道建设，以迅速占领市场为首要目标。随着乳制品的普及化，乳制品企业之间开始价格混战，导致其竞相压低生鲜乳收购价格，但与此同时却订立了较高的收奶标准，这使得生鲜乳的收购质量不断下降，引起了一系列食品安全问题的暴发。2008年"三鹿"奶粉事件，使得我国的乳制品产业遭到了严重的打击，许多中小乳品企业停产，消费者对我国奶业的信任缺失，导致乳制品的销量急剧减少，产品库存堆积剧增，影响了很多企业的经营和生产，并且这种打击还蔓延到了上游的奶源生产环节，养殖效益大不如前，使得奶农的养殖积极性也急剧下滑，有些地区甚至还出现了倒奶、卖牛和杀牛的现象。再加上美国次贷危机的暴发，席卷全球的经济危机和外国乳制品对我国的大量低价冲击，令我国乳制品产业雪上加霜，中国奶业放缓了发展脚步。在此期间，婴幼儿配方奶粉的进口量增长幅度较大，进口奶粉一度垄断了中国奶粉市场。达能、恒天然、雀巢等知名国外企业先后进入中国，它们凭借丰富的生产经验及适合的宣传营销快速占领了中国奶粉市场。到2008年，全国有乳制品生产企业815家，乳制品产量1 810.56万吨，其中液体乳产量 1 525.22 万吨，固态乳制品产量 285.34 万吨。工业总产值 1 490.71 亿元，销售收入 1 431.02 亿元。为了帮助乳制品产业渡过难关，政府陆续出台一系列政策措施，使乳制品产业能够尽快得到恢复。

第四阶段是 2009 年至 2017 年，农业主管部门从 2009 年开始实施生鲜乳质量安全监测计划，重点监测生鲜乳收购站和运输车。2009 年以来，国务院及相关部门还陆续颁布了一系列涉及乳制品的法律法规及标准，形成了完善的法规标准体系。此后，国家卫生和计划生育委员会陆续颁布的乳品安全国家标准 74 项，其中产品标准 21 项、生产规范标准 5 项、检验方法标准 48 项。这一阶段，乳制品企业已经进入奶源、产品、渠道全产业链竞争的时期。居民收入的提高使得乳制品企业开始注重营销渠道建设，食品安全问题的暴发促使乳制品企业开始注重奶源建设，消费升级引起居民对乳制品的需求多样化、高端化。液态乳产量增长总体上实现了稳定且较快的发展，是国民消费中重要的组成部分。考虑到乳制品消费广阔的市场空间和不断提高的收入水平，全产业链的均衡发展将引领乳制品行业进入新一轮快速增长期。根据《中国奶业统计摘要》的统计，2009—2016 年，中国人均液态乳消费量从 8.8 千克增长到 20.3 千克，复合增长率达 12.68%，远高于其他发达国家和地区在同一时间段的增长率。截至 2017 年，我国液态乳及乳制品制造行业的销售收入总额达 3 590 亿元，2011—2017 年行业规模复合增长率达 7.6%。乳制品正逐渐成为中国国民日常食品饮料消费中不可或缺的一部分，消费量规模增长迅猛。乳制品行业保持稳健的发展态势，在国民经济中的地位不断提高。

第五阶段 2018 年至今是我国乳业"振兴"期。2018 年出台的《奶业整顿和振兴规划纲要》、国务院办公厅出台的《关于推进奶业振兴保障乳品质量安全的意见》（国办发〔2018〕43号）、农业农村部等九部委印发《关于进一步促进奶业振兴的若干意见》（农牧发〔2018〕18号）和农业农村部办公厅印发《奶业品牌提升实施方案》（农办牧〔2019〕29号）等政策文件，标志着新时代我国奶业"破冰"的时机已经到来。工业和信息化部提出从增品种、提品质、创品牌三个方面推动乳业的转型升级和高质量发展。一是进一步丰富了产品的种类，鼓励企业开发创新型产品，重点发展婴儿配方乳粉、奶酪等特色和功能性乳制品；二是引导乳品企业将质量安全作为生命线，扩大婴儿配方乳粉等重点领域质量安全追溯体系的试点范围，开展与国际标准对标达标工作，切实提升乳品的品质和质量；三是进一步加强乳制品品牌建设。

据国家市场监督管理总局公布的数据，2018年国家食品安全监督抽检乳制品样品合格率为99.8%，是抽检合格率最高的一类食品。其中婴幼儿配方乳粉抽检样品合格率达到99.9%。与此同时，除国家食品安全监督抽检之外，还有省、市、县市场监管部门组织的食品安全监督抽检。其中，对婴幼儿配方乳粉监管最为严格，实行所有企业、所有产品、月月抽检、月月公布，并对婴幼儿配方乳粉生产企业进行全覆盖的食品安全体系检查。

2018年中国奶业质量报告数据显示，2018年我国生鲜乳乳蛋白含量平均值为3.25克/100克，国家标准为≥2.8克/100克；乳脂肪含量平均值为3.84克/100克，国家标准为≥3.1克/100克；菌落总数平均值为29.5万CFU/毫升，国家标准为≤200万CFU/毫升；体细胞数平均值为33.04万个/毫升，低于欧盟、新西兰和美国标准，欧盟和新西兰规定≤40万个/毫升，美国规定≤75万个/毫升（A级奶、B级奶），我国暂未规定。

截至2020年年底，我国规模以上乳制品企业共有572家，全国大中型乳品加工企业占企业总数的79%；其中6个企业主营业务收入超过100亿元；排名前3位的企业，主营业务收入约占全国乳制品制造业主营业务收入的52%；2021年在复杂多变的全球经济环境下，中国乳品企业依然保持强劲的实力，伊利连续8年稳居亚洲乳业第一名，再次成为唯一进入全球乳业五强的中国乳品企业。2021年，蒙牛位次略有下降，从2020年的位列第八到第九名，但和伊利两者仍稳居全球乳业第一阵营，持续领跑亚洲乳品企业。

2015—2020年期间，我国奶牛数量与乳制品企业数量整体变化趋势较为一致，2015—2019年连年下降，2020年开始有所回升。截至2020年年底，我国奶牛数量为615万头，比2019年新增了5万头。从乳品产量来看，2015—2020年我国乳制品产量呈现波动变化的趋势，但整体保持在2 600万吨以上的水平。2019—2020年，我国乳制品产量保持稳定增长。2020年乳制品产量达到2 780.4万吨，比2019年增长2.84%。据不完全统计，2020年我国人均乳品消费量折合生鲜乳达到38.4千克，比2019年增长2.6千克，是亚洲平均水平的1/2，是世界平均水平的1/3，是发达国家平均水平的1/10，比发展中国家平均水平约低40千克。目前我国乳制品消费结构以饮用奶为主，2020年其销售规模为2 507亿元，占比达39.26%。婴儿配方奶粉和酸奶消费分别位列第二名和第三名，2020年其销售规模分别为1 764亿元、1 507亿元，占比分别为27.62%、23.60%。

从2007年中国的乳制品企业近1 600家到2008年的"三鹿"事件后锐减到815家，到2016年国内规模乳企数量623家，前三大乳企总市场份额陡升至峰值46.6%。再到2020年我国规模以上乳制品企业共有572家，2020年前三大乳企市场份额稳步攀升至52.2%，伊利、蒙牛和光明三家公司分别以23.6%、22.4%和4.2%位列市场份额前三名，可以看出由于以前的企业规模很小，技术装备水平差，所以部分企业在发展的过程中被自然淘汰，而保留下来的企业和新企业都在向大规模企业发展，这就导致了我国乳企数量在减少。企业数量的减少，意味着市场集中度有所提高，市场份额开始转向品牌知名度高、实力强、规模效益显著的大企业。尤其部分大型乳品企业通过资产重组、兼并收购等方式，扩大了规模，加强了对奶源及销售渠道的控制。未来这种集中趋势将更加明显。全国市场份额高度集中于一线品牌，区域市场份额高度集中于强势品牌。而对于在产品和渠道层面均无竞争优势的中小企业来说，或将面临被淘汰的命运。

二、我国乳制品产业发展现状

2021年全国乳制品总产量3 031.7万吨，达到近五年峰值，同比增长9.4%，其中，液态奶产量达2 847万吨，同比增长9.5%，干乳制品产量约185万吨，同比增长2.2%。全国规模以上乳制品企业589家，主营业务收入4 687.38亿元，同比增长10.26%。在全球乳业20强企业榜单中，中国伊利再次进入全球乳业前五强行列，连续八年稳居亚洲乳业第一。中国奶业20强企业市场份额达到70%，国产品牌婴幼儿配方乳粉市场占有率超过60%，规模奶业企业技术装备水平达到世界先进水平。全国乳制品消费需求进一步增长，2021年乳制品总需求量首次超过6 000万吨，新增总需求591.8万吨，增幅高达10.9%，这为我国乳企抓住消费新趋势、创造优质创新型产品提供更多机会。

（一）乳制品企业数量

根据国家统计局统计，2015—2021年期间，全国规模以上乳制品企业数量是逐年下降，到2020年出现拐点，全国规模以上乳制品企业达到572家，2021年又增加了17家。见表2-1。

表2-1　2015—2021年全国乳制品企业数量

项目	2015	2016	2017	2018	2019	2020	2021
企业数量（个）	638	627	611	587	565	572	589

来源：《中国奶业年鉴》。

（二）奶牛存栏量

国内奶牛养殖业在经历了低迷后，2018年因国家整治环保问题影响较大，一些奶牛养殖牧场因环保不达标而关停，国内奶牛养殖的存栏量不断下降，2019年下降到最低点610万头，近几年随着国家支持奶牛良种繁育体系建设，支持引进荷斯坦牛、娟姗牛及乳肉兼用型品种牛，建设优质奶源基地，2022年已到达640万头，见表2-2。2021年我国奶牛养殖前30名的企业见表2-3。

表2-2　奶牛存栏量

项目	2017	2018	2019	2020	2021	2022
奶牛存栏（万头）	700	620	610	615	620	640

来源：《中国奶业年鉴》。

表2-3 2021年中国奶牛养殖前30名的企业

排名	牧业集团	原奶产量（万吨）
1	优然牧业	157.50
2	现代牧业	148.60
3	辉山乳业	68.00
4	圣牧高科	61.00
5	澳亚牧场	58.28
6	河北乐源牧业	52.00
7	首农畜牧	50.93
8	光明牧业	43.50
9	中地乳业	43.06
10	富源国际	40.15
11	原生态牧业	38.95
12	宁夏农垦贺兰山奶业	30.36
13	恒天然	27.93
14	天津嘉立荷牧业	22.39
15	新希望生态牧业	18.44
16	甘肃前进牧业	18.00
17	中博农牧业	17.66
18	中垦乳业	15.58
19	认养一头牛集团	15.44
20	天润牧业	14.38
21	河南瑞亚牧业	12.74
22	内蒙古星连星牧业	12.20
23	内蒙古海高牧业	12.08
24	广东温氏乳业	11.81
25	新疆呼图壁种牛场	11.80
26	新疆天山军垦牧业	11.53
27	山东银香伟业	9.75
28	南京卫岗	8.72
29	山东华澳大地	7.05
30	甘肃农垦天牧乳业	6.39

来源：灼识咨询。

（三）乳制品产量

近年来，我国推进奶业一体化成效显著，经过多年的转型调整，我国乳制品行业再次展现了旺盛的活力。根据《中国奶业年鉴》数据，我国乳制品产量在2017—2018年呈下降趋势，2018—2021年逐渐回升，在2021年达到3 031.7万吨。见表2-4。

表2-4　2015—2021年我国乳制品产量

项目	2015	2016	2017	2018	2019	2020	2021
乳制品产量（万吨）	2 782.5	2 993.2	2 935.0	2 687.1	2 719.4	2 780.0	3 031.7

来源：《中国奶业年鉴》。

（四）乳制品市场规模

随着中国经济发展、城镇化水平提高、人口出生率及年轻一代饮奶习惯的改变等多方面因素，我国乳制品行业销售额持续增长，市场规模逐步扩大，中国乳制品市场仍保持良好的发展势头。2020年乳制品行业的市场销售总额突破4 000亿元，2021年增至4 687.38亿元，见表2-5。上市的乳品企业越来越多，截至2022年年底已有上市乳品企业18家，见表2-6。

表2-5　2017-2022年中国乳制品行业市场规模

项目	2017	2018	2019	2020	2021	2022
乳制品销售额（亿元）	3 590.41	3 398.91	3 947.00	4 195.58	4 687.38	5 279.04

来源：《中国奶业年鉴》。

表2-6　2022年中国乳制品行业上市企业市值排行榜

排名	股票代码	股票简称	总市值（亿元）	上市日期	所在地
1	600887.SH	伊利股份	1 983.80	1996.3.12	内蒙古
2	600882.SH	妙可蓝多	164.32	1995.12.6	上海
3	600597.SH	光明乳业	148.34	2002.8.28	上海
4	002946.SZ	新乳业	114.65	2019.1.25	四川
5	600429.SH	三元股份	80.72	2003.9.15	北京
6	605300.SH	佳禾食品	70.76	2021.4.30	江苏
7	002329.SZ	皇氏集团	63.91	2010.1.6	广西
8	002570.SZ	贝因美	58.43	2011.4.12	浙江
9	001318.SZ	阳光乳业	54.27	2022.5.20	江西
10	605179.SH	一鸣食品	51.09	2020.12.28	浙江
11	600419.SH	天润乳业	50.21	2001.6.28	新疆
12	300915.SZ	海融科技	37.62	2020.12.2	上海
13	002732.SZ	燕塘乳业	37.39	2014.12.5	广东
14	300898.SZ	熊猫乳品	30.62	2020.10.16	浙江
15	002910.SZ	庄园牧场	29.80	2017.10.31	甘肃
16	300892.SZ	品渥食品	29.30	2020.9.24	上海
17	002719.SZ	麦趣尔	29.12	2014.1.28	新疆
18	300106.SZ	西部牧业	20.31	2010.8.20	新疆

数据来源：根据企业年报整理。

（五）乳制品消费结构

我国乳制品可细分为白奶及乳饮料、酸奶、奶粉、奶酪、黄油等品类，从下游消费结构来看，白奶及乳饮料消费金额占比最高，达42.56%，其次是奶粉，占比为30.72%，酸奶占比第三，为24.05%。液态奶仍是我国乳制品市场的主力产品，见表2-7。

表2-7　2021年中国乳制品消费结构占比

项目	白奶及乳饮料	奶粉	酸奶	奶酪	黄油	其他
占比（%）	42.56	30.72	24.05	1.92	0.30	0.45

数据来源：《中国奶业年鉴》。

从人均液态乳消费量来看，我国与世界平均水平仍然存在较大差距。目前我国人均奶类占有量只有世界平均水平的1/3，与世界发达国家相比差距较大。2021年，我国居民人均奶类消费量为14.4千克/（人·年），同比增长10.6%，2017—2021年奶类人均消费量整体维持在12～14.5千克/（人·年），见表2-8。

表2-8　2017—2021年中国人均奶类消费统计

项目	2017	2018	2019	2020	2021
人均奶类消费（千克）	12.1	12.2	12.5	13.0	14.4

来源：《中国统计年鉴》。

三、我国乳制品产业发展特点

（一）行业竞争日趋激烈　奶业产销矛盾凸显

奶业总体发展水平与奶业全面振兴目标之间仍有较大差距，实现奶业全面振兴，需要面临诸多挑战。除婴幼儿配方奶粉和酸奶，其他乳制品进口量快速增长，2021年我国共进口各类乳制品389.7万吨，同比增加18.7%。国内乳制品产出增速滞后于需求增速，奶源自给率明显下降，2021年乳制品新增需求的奶源自给率只有42.1%，比2020年下降

17.5个百分点，总需求的奶源自给率为62.9%，与2020年相比下降2.3个百分点。国内品牌乳企销售空间压缩，销售压力增长。

由于乳制品行业市场潜力巨大，利润丰厚，吸引了大批的国内外投资者，加剧了行业竞争态势。一方面，实力雄厚且有着一定知名度的乳制品企业不断改进技术，扩大生产，争夺市场份额。另一方面，一些房地产和食品企业凭借着雄厚的资金，也纷纷进军乳业市场，例如杭州娃哈哈集团有限公司由最初生产纯净水到后来也生产了奶类饮料；新希望乳业股份有限公司通过几次并购跻身于乳制品行业。与此同时，随着关税的下调，国外乳品企业也大肆进军我国乳品市场，凭借着质量和成本优势，在我国乳制品市场占据着有利的地位。近年来，国内外乳企为了争夺市场份额，保持增长，以及消化库存产品，在商超和电商平台上奶粉价格不断打折，除了买赠、满赠等活动以外，也有部分品牌推出折扣优惠，有的进口牛奶优惠后的价格已经和国产牛奶整体接近，有的甚至比国内品牌还要便宜。由此可见，我国乳制品行业的竞争异常激烈。

（二）奶源向龙头企业集中

基于稳定供应链体系奶源供应，保障产品品质等综合考虑，大牧场所具备的优势开始逐步显现。近年来，大型乳企加快国内奶源布局。目前，现代牧业、圣牧、原生态牧业等国内大型奶牛养殖企业基本都已被大型乳企"瓜分"。仅2020年，乳品行业合计发生12起奶源地并购，其中，与伊利股份、蒙牛乳业的相关并购共计9起，占比达3/4。2020年年底，伊利股份、蒙牛乳业均在国内拥有三家规模化牧场，合计奶牛存栏分别为35万头和40万头。

（三）液态奶向"新鲜"发展

1.低温鲜奶市场增长迅速

低温鲜奶是差异化乳品的重要品类，因其对奶源、物流等方面要求严格，进入门槛较高，加上低温鲜奶市场发展相对稳定，对国内奶牛养殖、奶业发展具有重要的意义，是国内乳品产业发展的重要方向。据欧睿数据统计，2015—2019年我国鲜奶销售额同比增长分别为6.13%、8.22%、9.71%、10.67%、11.56%，连续5年持续增长并迈入双位数增长阶段。此外，低温鲜奶主打健康，尤其是具有"新鲜、营养、保留活性因子"等优势的低温奶消费发展潜力巨大，大型乳企纷纷加快市场布局，如可口可乐与蒙牛"联姻"，设立合资公司布局低温奶市场。

2."超巴"鲜奶成为竞争"焦点"

低温鲜奶目前迎来风口，但受奶源分布、冷链物流、消费偏好等因素影响，主要集中在一、二线城市，且产品市场渗透率高，消费基本已处于饱和状态。三、四线城市人口多，消费潜力大，正处于饮奶习惯培养期，加上冷链物流不完善，低温鲜奶触达率低，市场尚处于基本空白局面。高温杀菌奶（即"超巴"鲜奶）可有效延长鲜奶货架期，扩大产品覆盖半径的能力，使得供应链覆盖到三、四线城市乃至城乡地区成为可能，具备更大的市场拓展空间，已成为乳企进军低温鲜奶市场的重要手段，也是鲜奶市场竞争"焦点"。目前，伊利、蒙牛、君乐宝等通过推出高温杀菌奶加快低温鲜奶市场布局；光明乳业2020年上半年也推出低温鲜奶"新鲜牧场"（保质期15天）扩充销售渠道，拉动整体营收能力。

3.鲜奶市场竞争加剧

低温奶保质期短，对奶源、冷链运输和渠道布局有很高的要求，长期成为市场进入壁垒，品牌分布呈区域性格局。近年来，乳品价格上行，低温奶盈利能力好，加上"奶业振兴"政策推动作用，乳企将不断拓展低温奶产品新品类，以满足消费差异化和个性化需求，市场增速迅猛。此外，低温产品毛利率远高于常温产品，吸引了伊利、蒙牛、恒天然等国内外企业纷纷布局，市场竞争日趋激烈。

（四）奶粉向"多元化""全产业链"建设发展

1. 产品多样化发展明显

随着人口出生率的下降及配方注册制的推动，奶粉市场整合基本完毕，国内婴幼儿配方奶粉市场已经结束高增长时代。除了近年来发展迅猛的羊奶粉、有机奶粉等婴幼儿高端配方奶粉外，奶粉品类结构开始向多元化发展，逐渐向提供"全家"营养裂变，即以婴幼儿奶粉为核心、在此基础上为家庭其他成员提供优质专业产品。目前，儿童奶粉及成人奶粉成为很多大品牌奶粉企业开拓重点，惠氏、美赞臣、雅培、君乐宝、澳优、伊利等各大品牌均推出儿童奶粉，纷纷布局儿童配方奶粉"蓝海"市场。在成人奶粉领域，佳贝艾特在2019年11月中国国际进口博览会期间就推出了成人羊奶粉产品"营嘉"；蒙牛"嘉贝洛"羊奶粉将依托于集团的渠道体系布局，侧重创新渠道及线上渠道，并针对功能型乳品及成人营养品做细分深耕。此外，因特配粉与奶粉高度相关，市场尚处于"蓝海"，也已成为乳企争夺的重点。目前贝因美、圣元、恒瑞、美庐4家国内企业均拥有2个及2个以上特医产品注册配方。很多药企也纷纷瞄向了该领域，使得竞争程度更加激烈。

2. 全产业链体系建设加快

为了改变我国婴幼儿奶粉市场品牌"杂、乱、多"的现象，早在

2016年，国家食品药品监督管理总局颁布了《婴幼儿配方乳粉产品配方注册管理办法》，最主要目的是让真正有全产业链能力的企业做强、做大，拥有全产业链的企业将更有核心竞争力。在此背景下，近年来，伊利、蒙牛、飞鹤、光明乳业等大型乳企都在纵向延伸向上游发力，加快奶源建设力度。伊利除了在全国范围内自有1 500多座牧场外，还拥有辉山乳业、优然牧业等国内大型原料奶供应商（这些供应商每年原料奶供应量约380万吨）。蒙牛旗下有自营的富源乳业、控股的现代牧业和中国圣牧，三大企业每年对蒙牛的供应量近200万吨。目前约20%的中小奶粉品牌已退出市场，奶粉市场的集中度也明显提高。

（五）科技化促进乳品功能多元化

目前，国内乳业同质化现象严重，纯奶、酸奶等竞争日趋激烈，各乳品企业根据消费者需求的差异化制订不同的新产品策略，乳业市场将逐步进入细分阶段，以满足用户的个性化需求为主。越来越多的企业采用高新技术发展乳品的科技内涵，使乳品具备更多的功能，针对不同消费群体的饮用需要，补钙、低糖、脱脂等功能型乳品应运而生。乳品企业进入一个以技术创新谋求竞争优势的新时期，功能型乳品成为新一轮乳品企业间竞争的焦点。

四、我国乳制品产业发展的区域分布与竞争态势

目前行业的竞争格局相对稳定，按照企业知名度、经营规模和整体实力大体可以分为以下三类：一是以伊利股份、蒙牛乳业、光明乳业等

公司为代表的全国性乳制品企业，产品全品类覆盖，销售网络覆盖全国，高端产品地位牢不可破，收入水平和市场占有率处于领先地位，且市场管理下沉到低级别市场。其中伊利股份、蒙牛乳业已经发展成行业领军公司，以常温乳制品为主；光明乳业以常温明星产品配合低温乳制品的方式参与市场竞争。二是以新希望、现代牧业、君乐宝、三元为代表的区域性领先乳制品企业，这些企业都有各自的优势产品和强势区域，在重点经营的区域市场份额占据领先地位，和全国性乳企形成有效互补。这些企业能够敏锐感知各地消费者的购买倾向、品质需要和个性化诉求，充分发挥区域性企业灵活经营和产品创新方面的优势，逐渐提升自身品牌影响力并扩展至全国。如新希望以低温鲜奶、低温酸奶产品为主导，在重点经营城市周边布建牧场保证产品新鲜，以重点区域性市场为支点并向全国辐射，形成了其独有的竞争优势。三是以河南花花牛乳业、西安银桥乳业、黑龙江飞鹤乳业、新疆天润乳业为代表的地方性乳制品企业，此类企业生产经营规模较小，通常只在单个省份或城市内经营，面向单一市场，市场份额小、竞争力有限。这些品牌更多偏重低温品类，结合自身优势，都能够找到各自的发力点和生存空间。

（一）从奶源生产方面看区域分布与竞争态势

乳制品行业是近几年来食品工业中发展最为迅猛的行业，乳制品行业也和其他食品行业一样，受原材料的影响较大。从奶源的分布来看，2019年，全国奶类产量最大的区域是内蒙古，奶类产量为582.9万吨，占到全国奶类产量的17.68%。排名第二位的是黑龙江，奶类产量为467万吨，占到全国奶类产量的14.16%。排名第三位的是河北，奶类产量为433.8万吨，占到全国奶类产量的13.16%。排名第四位的是山东，奶类产量为234.5万吨，占到全国奶类产量的7.11%。这四个区域的奶类产量之和占比达到52.11%。各区域之间奶类产量如此大的差异主要是由自然资源禀赋的差异决定的。内蒙古是我国一个非常重要的畜牧业基地，拥有呼伦贝尔、锡林郭勒、科尔沁、乌兰察布、鄂尔多斯和乌拉盖6个非常辽阔的大草原，并且生长有上千种饲用植物，其中饲用价值高的植物高达100多种，得天独厚的自然资源和气候条件为内蒙古的奶业发展提供了强有力的后盾。黑龙江地处中国东北，土地资源丰厚，草质优良，营养价值极高，非常适合发展畜牧业，并且黑龙江松嫩草场是世界最大的羊草地之一。而排名在第三、第四位的河北、山东均地处华北平原，土壤肥沃、气候温和，是非常重要的奶畜养殖基地。正是有着如此优厚的自然资源，才极大地促进了这些区域畜牧业的发展，使得这些区域的奶类产量遥遥领先于其他区域。这些区域依托于当地丰厚的奶源产出，并凭借京津冀和长三角等东部沿海地区发达的交通运输条件，使其在产业链上游建立了强大的竞争优势，而中西部地区则是受到本地自然资源条件的限制，无法很好地发展畜牧业，因此在奶源的竞争上处于相对弱势的地位。

（二）从市场份额和企业效益方面看区域分布与竞争态势

从各区域在全国所占的市场份额来看，乳制品产业销售收入排在前四位的区域分别是内蒙古、河北、黑龙江、山东，这四个区域的乳品企业销售收入之和占全国销售收入的比重达到了50%以上。2019年，内蒙古的乳业销售收入为934.7亿元，同比增长8.5%，占全国乳品企业销售收入的23.66%。黑龙江2019年乳品企业销售收入达到了227.6亿元，约占全国的10%。山东2019年乳品企业销售收入达到了346亿元，约占全国的5.8%，排名前十的区域还有河南、上海、广东、辽宁、陕西和北京，这些区域的乳制品销售收入也有不错的占比。市场份额可以认为是产业竞争力的一种表现形式。通过各个区域之间市场份额的对比不难发现，最具有竞争优势的区域依旧是华北平原和东北地区，而华东地区的上海和华南地区的广东则是凭着其发达的经济发展水平在市场份额的竞争中夺得一席之地。

从企业的经营效益来看，2020年全国乳制品企业的利润为394.8亿元，同比增长4.08%。区域乳制品企业利润占比排名前四位的区域分别是内蒙古、黑龙江、山东和上海，这四个区域的乳品企业利润之和占到全国乳品企业利润的90%。其中，内蒙古伊利实业集团股份有限公司实现利润70亿元，同比增长7.73%；蒙牛乳业股份有限公司净利润41亿元，同比增长34.9%。仅这两家公司利润占全国的比例达70%，可以看出，这些占据收入和利润绝大部分比例的区域都集中在华北和东北地区，这是因为这些区域经济较为发达，乳制品产业发展处于全国的前沿，具有很多优秀的企业。这些拥有优良经营业绩的大企业所在区域瓜分了全国乳业的绝大多数利润，在市场竞争中处于极大的竞争优势，而中西部等区域由于经济发展水平及产业发展环境的不成熟，没有产生具备一定规模的乳制品企业，在企业层面的竞争中处于不利地位。

（三）从乳制品消费方面看区域分布与竞争态势

2019年，我国奶类人均占有量23.49千克，但人均消费量为12.5千克，与世界平均水平差距还很大。中国乳品需求量增长的驱动因素包括农村消费升级、城镇化提升及乳品多品类扩展等。根据欧睿咨询数据显示，2020年我国乳制品销售规模达到了6 385亿，较2019年增长0.9%，近14年年均复合增长率为10%左右。目前，我国乳制品消费以饮用奶为主，2020年其销售规模为2 507亿元，占比达39.26%。婴儿配方奶粉和酸奶消费分别位列第二、第三位，2020年其销售规模分别为1 764亿元、1 507亿元，占比分别为27.62%、23.60%。

从饮用奶细分市场品牌占比来看，伊利、特仑苏、金典占据饮用奶市场的前三位，合计占比达到26%。伊利为行业龙头品牌，市场份额为9.8%，2020年我国饮用奶市场竞争格局见表2-9。

表2-9　2020年我国饮用奶市场竞争格局

品牌	市场份额（%）
伊利（伊利）	9.8
特仑苏（蒙牛）	8.5
金典（伊利）	7.7
蒙牛（蒙牛）	7.6
旺仔（台湾）	4.5
其他	61.9

资料来源：Euromonitor前瞻产业研究院整理。

从酸奶细分市场品牌占比来看，安慕希、纯甄、蒙牛占据酸奶市场的前三位，合计占比达到37.8%。安慕希为行业龙头品牌，市场份额达到酸奶整体市场份额的1/5，2020年我国酸奶市场竞争格局见表2-10。

从婴儿配方奶粉细分市场品牌占比来看，飞鹤、惠氏、达能占据婴儿配方奶粉市场的前三位，合计占比达到37.6%。飞鹤为婴儿配方奶粉品牌行业第一位，其市场份额为14.8%，2020年我国婴儿配方奶粉市场竞争格局见表2-11。

表2-10　2020年我国酸奶市场竞争格局

品牌	市场份额（%）
安慕希（伊利）	21
纯甄（蒙牛）	10.6
蒙牛	6.2
君乐宝（河北）	6.0
冠益乳（蒙牛）	5.1
其他	51.1

资料来源：Euromonitor 前瞻产业研究院整理。

表2-11　2020年我国婴儿配方奶粉市场竞争格局

品牌	市场份额（%）
飞鹤（黑龙江）	14.8
惠氏（美国-上海）	12.8
达能（法国）	10
君乐宝（河北）	6.9
澳优（湖南）	6.3
其他	49.2

资料来源：Euromonitor 前瞻产业研究院整理。

通过上述几个方面的分析，可以将我国乳制品产业的区域分布特征分为两大类。一类是资源导向型的区域分布，另一类是消费导向型的区域分布。资源导向型的分布特征中，自然资源禀赋的差异是各区域乳制品产业分布不平衡的最主要因素。华北平原和东北地区是乳制品产业分布最为集中的区域。在消费导向型的分布特征中，又可以分成两种不同类别的消费导向。一种是以总量消费为导向的分布特征，主要由各区域的经济发展水平来决定。另外一种则是以不同乳制品种类消费偏好为导向的分布特征，不同种类的乳制品消费情况所呈现的乳制品产业分布各有不同。同时，不同区域之间竞争优势的差异化也凸显了我国乳制品产业区域发展的不平衡性，依托于资源禀赋和区位优势的区域往往能在竞争中处于优势地位，并且国内大部分大型乳制品企业也是在这些拥有富饶资源的区域产生和发展，可见自然资源条件对区域乳制品产业的竞争力而言是一个非常重要的影响因素。

五、中国乳品企业品牌发展所面临的问题

（一）奶牛品种优势缺乏

长久以来中国奶业一直面临奶牛单产低、淘汰率低，低产奶牛、超期服役奶牛甚至是泌乳有问题奶牛数量大，牛群质量得不到提高等问题，这些问题直接造成了中国奶牛单产量相比于国外发达乳制品生产大国不具备奶牛品种优势。产生的根源主要是中国奶牛养殖起步晚、优质奶牛数量少等历史原因和中国农民缺乏养殖技术、单一的饲草料等现实原因。

（二）中国乳品行业的养殖模式落后

最近十年来，中国乳品行业的总体生产经营状况具有如下特点：总体上生产规模较小、总体技术水平亟待提高、生产相对分散、缺乏基地化生产方式。尽管近几年在国家支持鼓励下，有实力的企业大力发展规模化牧场的建设，中国奶牛养殖规模化比重提高迅速，但是据中国奶业

协会相关资料表明：虽然中国奶牛存栏量大幅增加，但是全国奶户平均养殖规模一直只有每户5～8头，以小规模散养为主的养殖模式没有发生实质性的变化。此外，站在行业全局的角度来看，中国生鲜奶的净增量提供者主体仍然是以散养为主的奶牛养殖户，而且根据现在的趋势，短时期内奶牛散养户成为中国生鲜奶主要供应源的现状不会有太大改变。"三聚氰胺"事件与这种模式不无关系，大型企业在饲料中额外增加添加剂的可能性不高，这是由于企业规模越大，越容易实现标准化管理，监管难度越小。因此这种小奶户养殖模式尽管是现在生鲜奶的主要供应者，但同时也是乳业发展的一个障碍。

（三）乳制品结构单一、附加值不高，抗风险能力差

当前，我国乳业产业链完善，生产技术先进，产品质量可靠，行业规模稳步提升。2020年乳品市场整体增长良好，全国规模以上乳品企业572家，营业收入4 195.58亿元，同比增长6.22%，利润总额394.85亿元，同比增长6.10%，但我国乳业市场主要靠常温白奶、低温白奶、酸奶及乳酸菌饮料、婴幼儿配方乳粉、风味乳饮料及牛奶替代品等产品驱动。目前我国60%以上的原料奶用于生产液态奶和酸奶，20%左右的原料奶用于生产全脂奶粉，极少部分用于加工奶酪、奶油等产品，原料型的乳粉、干酪、奶油、乳清制品、乳蛋白产品几乎全部依赖进口，乳业产品结构较为单一，致使行业抗风险能力不强，市场波动或负面因素都会对行业产生冲击。我国的蒙牛和伊利两家知名乳品企业于2020年进入世界乳业前十强的名单，可以说是中国乳品行业的龙头企业，可以代表国内乳品企业技术研究与营销策略的最高水平。日本最强的乳品企业是明治和森永两家公司，这是日本进入世界乳业二十强的企业，也是

日本最具代表性的乳品企业。但是两国企业在产品结构细分上却存在较大差异：一是蒙牛和伊利的产品结构相对单一，以液体乳为主，炼乳、干酪、乳粉、乳清和乳脂肪等高附加值产品所占比重较低；而明治和森永产品系列丰富，产品结构包括奶粉、巴氏奶、灭菌奶、食用炼乳、乳清蛋白粉、冰激凌、奶酪等，而且不同产品收益较为平均。

此外，国内乳品企业多元化布局方面与国际乳业巨头存在差距，如乳业巨头雀巢乳业板块经营领域除了奶粉、牛奶、冷冻乳制品等，近年在医疗、营养品、健康领域的投入明显增加。这种产品多元化布局不仅增强了国际乳品企业抗风险能力，还有助于其挖掘新的利润增长点。

（四）国内乳企品牌市场营销体系不完善

市场营销以产品为载体。对于乳制品企业来说，其市场营销主要依赖于乳制品。当前国内各大乳制品企业在产品安全、产品质量上做足了工作，从表面来看，国内乳制品企业在提升消费者满意度上已经取得显著成效。但从其内部来看，从市场营销载体——乳制品的生产，到产品的市场营销，最后到影响市场营销效果的因素，其中涉及较多维度的主体，如产品销售部门、文化部门、宣传部门、业务部门等。其市场营销体系大致为营销部门获得营销经费、业务部门提出营销方案，宣传部门确定传播媒体。在这一体系内，市场营销经历不同主体的决策，不仅会产生时间及人力上的浪费，还在主观性的影响下导致市场营销产生分歧。此外，整合营销传播理论的核心为"用同一种声音说话"，即媒体、信息、经营主体之间要协调，构建有力、统一的品牌形象。我国乳制品企业没有形成纵向、横向的一体式市场营销体系。

（五）国内乳企品牌市场竞争策略恶性竞争明显

中国乳品企业的市场竞争策略，往往局限于实际状况，市场开拓成本日益提高，竞争压力巨大，恶性竞争往往成为很多企业的首选策略。一个企业赢得市场竞争最重要的因素之一就是产品的独特性，也就是差异化，包括价格、品种、品质、功效、市场、文化等多个方面。由于现在的乳品行业产品同质化严重，产品创新不够，缺少科技支撑，各家质量差距不大，导致乳品行业产品逐渐陷入了价格倾轧、包装翻新、互相跟随和抄袭现象严重等表象竞争手段之中，产品研发几乎成了换添加剂和换概念的代名词，这就造成了乳品行业产品利润较低，并衍生了恶性价格战竞争。

第三章 新疆乳制品产业发展现状

一、新疆乳制品产业发展历程

中华人民共和国成立以来，新疆奶业的发展从无到有，大致经历了5个阶段。

（一）基础发展期（1949—1979年）

1949年，新疆改良奶牛存栏仅1 200头，1979年发展到7.1万头，年均递增14.57%。这一时期的奶业发展特点是牛奶紧缺，市场供应异常紧张。奶产量由20世纪50年代初的几千吨，发展到1979年的6.98万吨。乳制品加工以瓶装的消毒奶产品为主。

（二）稳步发展期（1980—1999年）

20世纪80年代开始，新疆农区个体养殖户纷纷从外地购入奶牛，奶牛数量快速增加，存栏由1980年的11万头增加到1999年的101万头，年均增长11.75%。牛奶市场供应紧张的局面得到缓解，供需逐步趋于均衡，牛奶的生产销售由计划经济转向市场经济。奶产量由1980年的6.78万吨上升到1999年的70.43万吨，年均增长2.42%；乳制品加工企业以中小规模为主，国有企业、民营企业和股份制企业等类型并存。企业生产规模小，效益差，且厂址分散，生产设备均是国产设备，大多数企业设备陈旧，技术落后。奶粉企业的生产设备均采用较落后的单效降膜设备，液态奶主要生产企业均采用国产软包装设备，主要酸奶生产企业使用手工罐装设备，冰激凌生产企业使用的是国内较落后的盐水制冷设备。产品品种单一，以奶粉、巴氏奶、酸奶、高温灭菌奶为主，而且缺乏品牌，大多数企业都为季节性生产，生产期较短。

（三）快速发展期（2000—2007年）

这一时期的特点是乳制品加工和奶牛养殖开始走向规模化。一些较大型的企业发力投资奶业，大举新建扩建乳制品加工厂，同期从国内外引进大批量奶牛建立奶源基地，乳制品日加工能力由2000年的1 100吨迅速上升到2007年的5 000吨，年平均增长率24.14%。奶牛存栏由2000年的118.90万头增加到2007年的210.55万头，年平均增长率8.51%。奶产量由2000年的78.23万吨增加到2007年的201.00万吨，年平均增长率14.43%。产品结构从以奶粉生产为主，转为以液态奶生产为主。2000年以后，随着天润、维维、天山畜牧、金牛、麦趣尔、物华等一批科技含量高、起点高、规模大的奶业龙头企业兴起，使新疆乳品厂规模小、品牌杂、科技含量低、液态奶类保存期短的局面有所改观，乳制品生产加工能力不断提高，产品档次明显提升。

据新疆奶业协会统计，2004年年底，新疆共有乳制品加工企业80多家，其中产品档次较高的大中型乳制品企业有20家，20个乳制品企业日加工鲜奶能力为2 400吨，占全疆日加工鲜奶能力的83.04%。天山畜牧等7个乳制品企业，日加工鲜奶能力达到800吨，维维集团日加工鲜奶能力为500吨，金牛公司日加工鲜奶能力200吨，新疆首家打出UHT"超高温灭菌奶"的麦趣尔企业日加工鲜奶能力为150吨，伊力特日加工鲜奶能力为200吨，新疆兵地天元乳业石河子分公司日加工鲜奶能力100吨，西域春日加工鲜奶能力100吨。

据不完全统计，2004年年底新疆奶业总投资达到30多亿元，创造了麦趣尔、西域春、天山、佳丽、天山雪、天润、盖瑞、花园、瑞缘品牌的奶制品和保健食品，见表3-1。当时疆内乳制产品已有7大类，近60个花色品种。加工生产地主要集中在乌鲁木齐、昌吉回族自治州（简称昌吉州）、石河子、伊犁及巴音郭楞蒙古自治州等地，生产能力占新疆的80%以上，其中昌吉州就形成1 200吨鲜奶的日处理能力，占新疆的41.5%。

表3-1　2004年新疆乳制品企业主要产品和品牌

企业	主要产品	品牌
麦趣尔乳业有限公司	纯牛奶、酸奶饮品、调味乳	麦趣尔
金牛生物盖瑞乳业有限公司	UHT奶	盖瑞
新疆维维天山雪乳业有限公司	纯牛奶、酸奶、原味酸奶、花色奶	天山雪
德隆畜牧玛纳斯乳制品有限责任公司	酸奶、UHT奶、调味奶、工业奶粉、巴氏奶	天山、佳丽
瑞源乳业有限公司	酸奶、UHT奶、巴氏奶	瑞缘
西域春乳业公司	酸奶、UHT奶、巴氏奶、奶粉	西域春
新疆天润生物制品有限公司	牛初乳、免疫酸乳	新生活
新疆伊力特乳业有限公司	奶粉	团结、唐布拉
新疆兵地天元乳业有限公司	酸奶、UHT奶、巴氏奶	佳丽
新疆新欧奶业发展有限公司	巴氏奶、酸奶、酸乳饮料	新欧

资料来源：新疆维吾尔自治区奶业办公室。

（四）调整转型期（2008—2017年）

2008年"三聚氰胺"奶粉事件使我国奶业发展陷入严重的困难和危机，消费者信心严重受挫，加之进口乳制品冲击，市场一度陷入低迷，新疆数十家奶粉厂停产或倒闭。为保障奶业健康发展，自治区在政策扶持、资金投入等方面给予了大力支持，特别是"学生饮用奶推广计划"的实施，稳定了乳制品消费，并拉动了市场增长。2008—2015年，新疆畜牧部门开始为奶业转型升级提供支持，积极推进奶牛标准化规模养殖场建设，中央预算内投资项目资金达32 690万元，扶持建设了407个标准化养殖场，同步配套品种改良及良种补贴政策，使规模化养殖场良种覆盖率达到100%。还连续5年实施高产优质苜蓿示范建设项目，全疆10个地（自治州、市）的36家单位实施了该项目，享受中央财政补贴资金8 880万元，全疆苜蓿种植的机械化、集约化程度不断提高，为奶业转型升级提供了推动力。

2016年数据表明，新疆企业生产的乳品基本在疆内销售，占比达到95%，新疆本地市场液态奶产销量排名前五的企业分别是天润、西域春、花园、蒙牛、新农，新疆奶企牢牢占据着本地市场。

（五）奶业振兴新时期（2018年至今）

2018年，国务院办公厅印发了《关于推进奶业振兴保障乳品质量安全的意见》，农业农村部等九部委出台了《关于进一步促进奶业振兴的若干意见》，为奶业振兴指明了方向和路径；2019年，新疆维吾尔自治区农业农村厅、财政厅等9个部门和单位联合印发《新疆奶业振兴行动方案（2019—2025年）》，提出加快推进新疆奶业做大做强，把新疆建成全国奶业大区，助力乡村振兴。随着奶业振兴计划的落实，新疆奶业正呈现恢复性增长态势。2020年2月，国家卫生健康委员会在官网发布了"新型冠状病毒感染的肺炎防治营养膳食指导"，建议群众饮用各种各样的奶制品，用量为每天饮用液态奶300克。此项文件的发布，引发消费者对奶制品的关注，增强了奶制品重要性的认知。再加上人们对健康的关注程度不断加深，消费不断升级，对奶制品的需求在不断增大。

二、新疆乳制品产业发展现状

新疆是全国五大牧区之一，天然草地辽阔，草地类型多样，牧草种质资源丰富。新疆气候干燥寒冷，牲畜病害相对较少；同时，新疆是一个多民族聚集区，各民族自古以来就有饲养奶牛、饮用牛奶和加工奶制品的习惯，奶制品也是日常饮食重要的组成部分，各民族拥有丰富的饲养经验、高超的加工技术和浓厚的消费意识，有着得天独厚的资源和地缘优势。目前，新疆共有87个县（市），其中，牧业县22个，半农半牧县16个，农业县49个；从事牧业人口有148.39万人，占乡村总人口的13.0%；共有牧场131个；新疆草地面积5 198.60万公顷，其中天然草地面积3 959.81万公顷，占全疆草地面积的76.17%，牧草灌溉面积344.89万公顷。天然草场是发展乳业最基本的物质基础和生产资料，也是牲畜的主要饲料来源。由于新疆所处的特殊地理位置，复杂的地形、地貌特点和远离海洋内陆干旱的气候条件，造就了草原类型的多样性和复杂性。全疆可作为家畜饲用的牧草数量达2 930种，其中，在草地中分布数量大、饲用价值较高的有382种，占牧草资源总数的13.04%。许多野生牧草种质资源为国内独有，合计约有226种，也很有利用价值。优厚的自然条件，广袤的牧草资源，为新疆发展乳业构筑了牢固基础和腾飞平台。

（一）奶牛养殖状况

新疆已经形成了三个乳源带，分别是以乌鲁木齐、昌吉、石河子为中心的"天山北坡经济带"，以伊犁为中心的"伊犁河谷地带"，以及"南疆绿洲经济带"，呈现出"风吹草低见牛羊"的景象。

据新疆奶业协会统计数据显示，截至2020年年底，通过淘汰低产奶牛，新疆奶牛存栏降为115.60万头，同比减少26.84%（2019年年底新疆奶牛存栏158.00万头），其中地方奶牛存栏90.00万头，同比减少30.01%；兵团奶牛存栏25.60万头，同比增加1.09%。但品种优良的高产奶牛仅29.1万头，其中荷斯坦奶牛约26万头，新疆褐牛和西门塔尔牛约3.1万头，3个品种的泌乳牛合计约11.7万头，约占高产奶牛群的40%。

存栏100头以上规模奶牛场比例逐渐增加。2020年，存栏100头以上的规模奶牛场共823个，其中，存栏1 000头以上的奶牛场上升到68个，同比增加了22.05%，占规模化奶牛场的8.26%；存栏500～1 000头的奶牛场上升到193个，同比增加了16.06%，占规模化奶牛场的23.45%；存栏100～500头奶牛场、小区和养殖户562个，同比减少了5.23 %，占规模化奶牛场的68.29%。品种主要以荷斯坦牛为主，占规模养殖总存栏的54%，乳用新疆褐牛、西门塔尔牛500头以上规模养殖占比1.7%，全疆规模养殖比例为34%。总体上高产奶牛存栏增速缓慢，

500头以上规模养殖比例较低。50头以下养殖户近年连续大幅快速减少，小散户基本退出奶牛养殖行业。从近几年的发展情况来看，新疆奶牛养殖规模化程度不断提高，注重规模效益的发挥和比较效益的提升。此外，新疆马、驴、驼资源丰富，存栏数均居全国首位，2017年年末存栏分别为94.8万匹、46.8万头、4.8万峰，已开发有驴乳粉、含驴乳饮料、驼奶粉、驼酸奶等产品。

（二）奶产量与生鲜乳的价格

新疆作为我国五大牧区之一，奶类总产量不容小觑，2020年新疆奶类产量214.0万吨，同比增长3.38%，其中牛奶产量206.5万吨，同比增长3.25%；名列内蒙古、黑龙江、河北、山东之后，居全国第五位。奶牛养殖水平不断提升，奶牛良种率达到70%，规模化水平达到37%，规模化牛场的奶牛单产水平达到8.2吨/年，同比增长400千克。生鲜乳平均收购价由2019年年底的3.6元/千克上涨至4.4元/千克，高于同期全国4.15元/千克的平均水平，上涨幅度22.22%，局部奶价达到4.8元/千克，个别区外调度收购价甚至高达6.0元/千克。生鲜乳质量安全达到历史最高水平。规模养殖场的生鲜乳合格率近年来一直保持在99%以上，平均乳脂率3.43%，平均乳蛋白质3.13%，体细胞数平均26.6万个/毫升。生鲜乳质量水平已经超过国家标准。

（三）饲草料种植状况

2020年新疆青贮种植484.45万亩[*]，平均亩产3.42吨，年产量约1 657

---

[*] 亩为非法定计量单位，1亩=666.67米^2。

万吨，干物质DMI平均占29%，淀粉平均占27%，主要营养成分距离"双30"标准还有一定差距；苜蓿种植238.16万亩，平均亩产0.66吨，年产量约157万吨，粗蛋白质（CP）平均占16%，为苜蓿干草二级质量标准。北疆区域是新疆青贮玉米和苜蓿种植的主产区，青贮、苜蓿产量分别占全疆的72%和78%。

（四）新疆乳制品加工企业

截至2020年年底，新疆注册备案的乳制品加工企业共52家，日最大处理生鲜乳能力6 500吨，实际日均加工量约1 700吨，产能剩余比较严重。2020年全疆乳制品加工量69万吨，其中北疆企业加工54万吨，占全疆加工量的78.3%；南疆和牧区传统作坊加工15万吨，占全疆加工量的21.7%。北疆乳品企业主要有新疆天润乳业有限公司（简称"天润乳业"）、新疆西域春乳业公司（简称"西域春乳业"）、新疆花园乳业有限公司（简称"花园乳业"）、新疆麦趣尔乳业公司（简称"麦趣尔乳业"）、新疆绿成农业开发公司（以下简称"绿成乳业"）、伊利（新疆）乳品厂、蒙牛（新疆）乳品厂、维维（新疆）乳业公司、新疆伊哈牧场、新疆西部牧业畜牧养殖股份有限公司（简称"西部牧业"）等。南疆乳品企业主要有新疆瑞源乳业公司（简称"瑞源乳业"）、新疆南达新农业开发公司（以下简称"南达乳业"）、新疆新农乳业有限公司（简称"新农乳业"）和新疆三宇乳业公司（简称"三宇乳业"）。其中天润乳业和西域春乳业两家鲜奶收购、加工、销售量占全疆商品奶总量的48%。上市的乳品企业有4家，分别是天润乳业、麦趣尔乳业、西部牧业和新农乳业；天润乳业和西域春乳业连续三届进入中国奶业20强企业。《2020中国奶业"融智创优"品牌企业名录》中奶畜养殖企业共71

家，新疆入选1家，为第20名的"新疆天山畜牧生物工程股份有限公司"；乳品加工企业70家，新疆入选2家，为第16名的"天润乳业"和第21名的"西域春乳业"。

2020年新疆乳制品生产总量为213.04万吨，同比增加5.66%，其中液态乳制品生产总量较2019年同比减少0.74%，固态乳制品同比增加15.64%。其中乳品（乳蛋白质≥2.3%）69.48万吨，含乳饮品（乳蛋白质≤1%）及其他乳制品143.56万吨。新疆乳制品销售总量69万吨，销售总额70亿元。其中疆外销售总量13万吨，占总销售量的20.3%，销往疆外的产品主要以酸奶、高温灭菌奶、奶啤及奶粉为主，另有少量干酪、奶茶粉等。年销售额10亿元以上的企业1家，年销售额3亿元以上的4家，年销售额1亿元以上的6家。新疆在特色乳制品方面也呈现出良好的发展态势。驼乳制品年加工量达到2.48万吨，销售额达11.56亿元，80%销往疆外。冻干驴乳粉、冻干马乳粉等产品加工量达1.08万吨，70%销往疆外。2020年新疆人均乳制品消费量23.42千克/（人·年），同比增加20.77%。其中，城镇居民人均年乳制品消费量39.45千克/（人·年），农村居民人均年乳制品消费量仅16.45千克/（人·年）。2020年新疆人均乳制品消费支出245.66元/（人·年），占食品烟酒消费支出的5.45%。

在新疆乳业中，兵团乳业占据着举足轻重的地位。从占比来看，其奶牛存栏量、牛奶产量和乳制品产量分别占到了新疆总量的12%、40%和30%。不论是品种的良种率还是牛场的规模化，或者饲养的机械化、科技化及乳业的产业化程度都明显比其他地区高，由于发展态势良好，因此其融资能力也不弱，对新疆乳业的发展来说至关重要。

三、新疆乳制品产业发展优劣势分析

目前，新疆乳制品加工业正处于关键的由数量扩张向整体优化升级的转型时期，面临着"一带一路""奶业振兴计划"等重大机遇，也存在着诸多制约因素。研究新疆乳制品加工业如何面临重大机遇，破解发展困境，从而实现新疆乳业的跨越式发展，具有重要意义。

（一）新疆乳制品产业发展优势分析

1. 自然环境优越，奶类资源丰富

新疆是全国五大牧区之一，占地面积166.49万公顷，占全国的1/6；农林牧用地6 306.073公顷，牧草地5 116.073公顷，天然草原面积辽阔，占全国面积的16.7%，天然草地可利用面积4 800万公顷，占全国可利用天然草场面积的21.96%，主要分布在天山北坡经济带，可利用率高，可有效利用的草场面积达到7.2亿亩，在全国排名第3位；草场中的饲草资源丰富，饲草种类达到1 600余种，能够为新疆畜牧业的发展提供有利的资源禀赋条件。新疆草原牧场主要处于北纬45°，日照条件充足、气候干燥，光热资源优越，奶源受污染程度低，牲畜病害相对较少，有大量营养价值高、适口性强的优质牧草，适合养牛业的发展，是世界公认的黄金奶源带，是中国重要的优质奶源基地，也是中国十大奶源主产区之一。据《中国奶业年鉴》显示，2020年新疆牛奶产量206.5万吨，占我国牛奶总量的6%，名列内蒙古、黑龙江、河北、山东之后，居全国第五位。新疆在发展畜牧产业方面具有独特的草原规模优势、光

热条件优势和地理区位优势，能够为新疆畜牧产业的发展提供丰裕的资源禀赋，也能够为新疆乳制品加工业的发展提供最核心的品质元素——"天然、绿色、安全"。就像新疆有句俗话说的那样：新疆的牛羊走的是金光大道（沙漠），吃的是中草药（自然放牧、天然喂养），喝的是矿泉水（绿色无污染）。

2. 区域文化多样，特色奶业资源丰富

新疆是多民族聚居、多文化融合的代表性区域。少数民族分布众多，且各民族文化都独具特色，充分呈现了中华民族文化的丰富性和多样性，能够为新疆乳制品的品牌塑造和包装差异化提供更多民族文化元素，是提升新疆乳制品品牌文化内涵的重要着力点。各民族群众在乳制品生产加工方面具有悠久的历史传统，多个民族几乎一日三餐均饮用牛羊奶或奶茶，食用奶酪、黄油等乳品，人均年消耗牛奶200～300千克。维吾尔族、回族等酷爱酸奶，自制的酸奶随处可见，且加工工艺较有特色，具备较强的历史资源禀赋，能够为新疆乳业奶源的产量、品质、产品研发等方面提供借鉴与重要参考。此外，新疆特色奶源资源雄厚，2020年新疆马的存栏数是94.8万匹，驴的存栏数是46.8万头，骆驼的存栏数是19.4万峰，数量在全国均处于前列，其中一些具有特殊营养保健功能的乳品具有很大的市场前景。这些新疆特色奶源是培育新疆畜牧业创新品牌的重要驱动因素，必将成为新疆乳制品加工业长远发展战略的重要突破口。

3. 产业集群效应初俱，地理区域分布较集中

依赖于新疆优越的地理资源环境条件，新疆乳制品加工业发展较为迅速，已经从最初的十几家小型生鲜乳品加工企业，增长到2020年的

52家大中型皆备的现代化乳制品加工企业。据相关统计资料显示，截至2020年年底，新疆乳制品加工业日处理生鲜乳的规模超过6 500吨，日均加工牛奶的规模是1 700吨左右；2020年全疆乳制品加工量69万吨，其中北疆企业54万吨，占全疆加工量的78.3%，南疆和牧区传统作坊15万吨，占全疆加工量的21.7%，产业集群效应明显。年销售额10亿元以上的企业1家，年销售额3亿元以上的企业4家，年销售额1亿元以上的企业有6家。日最大处理生鲜乳能力4 700吨，2020年全疆乳制品总量为213.04万吨。其中乳品69.48万吨，乳饮品及其他143.56万吨；乳制品生产总量增加5.66%，固态奶制品增加15.64%。2021年全疆市场监管部门注册备案乳品生产企业60家，其中规模以上15家，实现销售收入81.56亿元，同比增长13.58%。且天润乳业、麦趣尔乳业、新农乳业、西部牧业等4家公司已经成功上市。同时，新疆乳制品加工业的产业布局基本合理，地理区域分布较集中，主要在"乌昌石地区*、南疆绿洲、伊犁盆地"集聚。其中乌昌石地区是表现最突出的乳制品加工产业群，该集群内产业结构较合理、分工明确、产业链体系健全，具备较好的规模经济效应。

4. 乳制品技术优势

虽然新疆乳品企业总体比较落后，但在某些领域也取得了较好的成绩，其中有的技术项目达到了国内先进水平，有的则填补了国内空白。

（1）牛初乳的开发和利用　新疆天润乳业生物制品股份公司、新疆医科大学、乌鲁木齐奶业研究所等单位对牛初乳的化学成分、变化规律、免疫球蛋白（IgG）检测方法、加工工艺、保健功能等做了大

---

　　* 乌昌石地区指乌鲁木齐、昌吉、石河子。

量基础研究，主持制定了《生鲜牛初乳》《牛初乳粉》的新疆地方标准（DB65/T 2042—2003和DB65/T 2043—2003）和乳制品工业行业规范（RHB601—2005和RHB602—2005），填补了国内空白，在国内牛初乳行业具有较大影响和较高知名度。天润公司引进了国内先进的冷冻干燥设备和丹麦尼鲁（NIRO）公司的低温喷雾干燥生产线，开发出牛初乳粉胶囊、钙片、酸乳等产品，并销往疆外各省市，取得较好的经济效益和社会效益。牛初乳粉胶囊被国家卫生部批准为"健字号"保健食品（卫食健字〔2002〕第0175号）。牛初乳开发利用等研究达到国内先进水平，多次获得乌鲁木齐市、新疆生产建设兵团和自治区科技进步奖和科技创新奖。

新疆达瓦昆畜牧科技有限公司（岳普湖县）开发的驴乳粉、含驴乳饮料和新疆三得利驼业科技有限公司（木垒县）开发的驼乳粉胶囊、驼酸奶已投放市场，填补了国内空白。

（2）酸奶质量综合技术的提高　新疆西域春乳业有限责任公司依托呼图壁种牛场的优质奶源生产多种酸奶，在新疆具有较高的知名度。最近几年，该公司科技人员对提高酸奶质量进行了一系列综合技术研究，其内容涵盖乳酸菌产香机理和特性的研究、乳酸菌抗高温和冷冻损伤保护剂的研究、防止噬菌体和真菌感染的研究、搅拌型酸奶流变学特性及黏弹性分析研究，总结了酸奶生产过程中的关键控制点及影响酸奶品质的诸多因素。奶质量稳步上升，并开发出益生菌酸奶、大果粒酸奶、全脂调味果料酸奶等新产品，在新疆乳品企业中独树一帜，达到国内先进水平。

（3）奶牛繁殖性别控制技术已获得成功　新疆畜牧科学院研究的奶牛繁殖性别控制技术已获得成功，在国际上处于领先水平，这将为新疆乃至我国畜牧业生产带来巨大的经济效益和社会效益。奶牛繁殖技术包括冷冻精液配种技术、胚胎移植技术、克隆等生物工程技术。牛胚胎移植技术的研究、推广已扩大到新疆45个县，鲜胚移植的最高妊娠率达60%以上，冻胚胎也可达50%以上，已进入产业化应用阶段。此外，新疆动物防疫水平较高，经过近年大力推进动物防疫体系建设和兽医管理体制改革，已在全疆初步形成统一指挥、反应快捷的动物防疫网络体系。

5. 周边国家多，乳品出口潜力大

2004年2月18日，第一只"光明"牌冰激凌在新疆巴音郭楞蒙古自治州和静县正式下线。这一只冰激凌的诞生标志着光明乳业集团拉开了在新疆谋篇布局的开端。而早在光明乳业集团进军新疆之前，蒙牛、伊利分别于2002年5月和2003年已经涉足于新疆乳品加工领域。呼图壁已与江苏"维维豆奶"联合开发了"天山雪"系列产品。这些全国知名乳制品加工企业进驻新疆除了因为新疆具有发展乳制品加工业的资源禀赋优势之外，还因为新疆具有进入西亚的区位优势。充分利用这种优势，对于开发占领西亚市场，实施国际化战略具有极其重要的意义。

新疆地处祖国西部边陲，欧亚腹地，国境线长，具有独特的地缘优势，周边有蒙古、俄罗斯、哈萨克斯坦、吉尔吉斯斯坦、塔吉克斯坦、巴基斯坦、阿富汗、印度等8个国家接壤，5 600多千米长的边境线，约占全国边境线长的1/4。有16个对外开放的一类口岸，是我国向西开放的桥头堡。由于周边国家乳品业生产滞后，因而使新疆的乳业发展有巨大的国际市场潜力，随着上海合作组织的成立及新疆与中亚区域经济交流日趋密切，新疆独有的区位优势将进一步显现。加之周边国家大都是伊斯兰国家，当地居民有着喝牛奶、吃奶酪的饮食习惯，乳品的出口条件优越，发展外向型乳业前景广阔，如新疆本地民族乳品企业沙尔曼向周边国家出口营养粉取得很大的成功。且周边国家很多高档乳品均需从俄罗斯和西欧进口，因此新疆可以充分发挥向西开放的地缘优势。近几年来，三宇乳业（焉耆县）、伊源乳业（察布查尔县）已将奶粉出口到巴基斯坦、哈萨克斯坦等国，取得较好的效益。

6.中央、地方政府促进奶业发展政策的有效实行

2018年，国务院办公厅印发了《关于推进奶业振兴保障乳品质量安全的意见》，农业农村部等九部委出台了《关于进一步促进奶业振兴的若干意见》，为奶业振兴指明了方向和路径；2019年，新疆维吾尔治自区农业农村厅、财政厅等9个部门和单位联合印发《新疆奶业振兴行动方案（2019—2025年)》，提出加快推进新疆奶业做大做强，把新疆建成全国奶业大区，助力乡村振兴。随着奶业振兴计划的落实，新疆奶业正呈现恢复性增长态势。

综上所述，新疆发展乳品业具有自然环境优势、奶类资源优势、市场优势、技术优势及人文优势，随着中央和自治区政府促进奶业发展的一系列方针、政策的落实，新疆乳品企业必将进一步发展壮大。

（二）新疆乳品企业发展劣势分析

1.现代化养殖规模偏低，奶源基地不稳

随着养殖技术的推广与社会经济的发展，新疆奶牛的养殖规模日趋扩大，集约化水平也得到进一步的提升。目前，新疆奶牛养殖呈现一种"传统养殖方式与现代化养殖方式并存、散养与规模养殖并存"的状况。但受制于传统养殖方式的影响，新疆奶牛小规模散户养殖比例偏高，且大部分养殖奶牛的农户学历偏低，科学养殖知识匮乏，没有先进的科学饲养理念。这些因素严重制约了新疆奶牛基地的发展，导致新疆奶牛现代化养殖总体规模偏低、养殖成本偏高，高质量奶源更是有待开发。相关资料显示，新疆奶牛基地每年可提供的加工原料奶只有60万吨，只占到新疆牛奶原料总需求的40%，严重影响了乳制品加工产业链的下游环节。同时，新疆奶牛养殖基地在标准化、机械化、生态化、信息化等方面发展较为滞后，不能有效促进奶牛健康水平与生产水平的"双提升"。

2. 缺乏龙头企业引领，产业利益联结机制不健全

从全国视角来看，新疆乳制品加工企业数量虽多但不强，缺乏像伊利、蒙牛一样的大规模现代化企业。通过比较可知，新疆乳制品加工业生产研发能力薄弱，只有3家乳业公司的生产加工能力在500吨以上，仅有1家乳业公司的年销售额突破10亿元。大规模龙头企业的缺乏，导致新疆乳制品产业集群缺乏引领和带动，成为乳制品加工业发展的一个重要瓶颈因素。乳品企业的规模大小从职工人数、总资产、奶源数量和产值上都可判断。从全国来看，新疆乳品企业属于中小企业，还没有发展成像伊利、蒙牛或光明一样的中国乳品企业的佼佼者。新疆的天润乳业是乳业龙头，2020年营业收入17.68亿元，净利润1.54亿元，而内蒙古的伊利乳业2020年营业收入968.86亿元，净利润70.99亿元，差距可想而知。中国奶业D20企业联盟（2015—2017）名单中新疆的龙头企业西域春在列，但在中国奶业D20企业联盟（2018—2021）名单中西域春已成为观察员，只有天润乳业进入D20名单，见表3-2。龙头企业的发展，能够带动相关产业的发展，而新疆龙头乳品企业的带动能力弱，示范作用差，影响和制约了乳品加工业的发展。

表3-2　两届入选D20名单比较

序号	2015—2017年	2018—2021年
1	内蒙古伊利实业集团股份有限公司	内蒙古伊利实业集团股份有限公司
2	内蒙古蒙牛乳业（集团）股份有限公司	内蒙古蒙牛乳业（集团）股份有限公司
3	现代牧业（集团）有限公司	光明乳业股份有限公司
4	光明乳业股份有限公司	现代牧业（集团）有限公司
5	辽宁辉山乳业股份有限公司	石家庄君乐宝乳业有限公司
6	内蒙古圣牧高科牧业有限公司	北京三元食品股份有限公司
8	中垦乳业股份有限公司	内蒙古圣牧高科牧业有限公司
9	黑龙江省完达山乳业股份有限公司	黑龙江飞鹤乳业有限公司
10	石家庄君乐宝乳业有限公司	黑龙江省完达山乳业股份有限公司
11	新希望乳业控股有限公司	新希望乳业控股有限公司
12	黑龙江飞鹤乳业有限公司	中地乳业集团有限公司
13	贝因美婴童食品股份有限公司	济南佳宝乳业有限公司
14	南京卫岗乳业有限公司	中垦乳业股份有限公司
15	天津嘉立荷牧业集团有限公司	河南花花牛乳业有限公司
16	新疆西域春乳业有限责任公司	南京卫岗乳业有限公司
17	福建长富乳品有限公司	贝因美婴童食品股份有限公司
18	河南花花牛乳业有限公司	广东燕塘乳业股份有限公司
19	济南佳宝乳业有限公司	新疆天润乳业股份有限公司
20	西安银桥乳业（集团）有限公司	福建长富乳品有限公司
		观察员
1		辽宁辉山乳业股份有限公司
2		皇氏集团股份有限公司
3		山东得益乳业股份有限公司
4		新疆西域春乳业有限责任公司
5		天津嘉立荷牧业集团有限公司

此外，在新疆乳品产业集群内，产销"两张皮"的现象普遍存在，这主要是由新疆奶业一体化经营程度低、产加销环节利益联结不紧密造成的。新疆乳制品行业利益联结机制不顺畅的体现：一是乳制品加工企业与奶牛养殖农户更多是一种结构松散的买卖关系，关系联结强度弱，违约现象时有发生，稳定的收购合同关系有待建立；二是乳制品加工企业与奶牛养殖农户的权利和地位不对称，奶农处于弱势地位，缺乏话语权，奶农利益不能得到有效保障。

3. 产品结构单一，缺乏明星产品引领

随着新疆乳业的发展，乳制品品类逐渐丰富，目前新疆乳业能够向市场提供40余个品牌、200余种的系列产品。但这些产品同质化问题较为严重，产品结构也相对单一，已经成为制约新疆乳制品加工业发展的瓶颈之一。新疆乳业提供的奶制品以附加值较低的酸奶、纯牛奶、全脂奶粉等为主，其中液态奶占据将近85%的市场份额，而附加值较高的奶油、乳酪、脱脂奶等相对较少。总体来看，新疆乳制品产品结构单一，与全国乳业市场的多元化发展态势不吻合，亟须进行固态乳制品的生产及创新产品的开发，以进一步优化产品结构布局。此外，除了天润浓缩酸奶之外，新疆乳业缺乏明星奶产品类型，奶制品的品牌效应在全国范围内较为薄弱，影响力较小，不能有效带动新疆乳制品产业集群的大力发展，这是另一个制约新疆乳制品行业发展的瓶颈因素。

4. 物流服务体系不完善，外销成本高昂

新疆地处中国最西北，地广人稀，物流基础设施建设缺乏足够的资金支持，基础设施发展水平严重滞后；物流产业体系不健全，现代物流服务主要集中在"乌昌石"地区，物流发展区域不均衡；物流服务体系的不完善，不能为新疆乳制品的加工流通提供有效的运输支撑，造成新

疆乳制品供应链运作效率低下，最终影响新疆乳业全产业链的高效运转与无缝对接。此外，新疆特殊的地理位置，在疆内以乌鲁木齐为中心向北至阿勒泰800千米以上，向南至和田2 000千米以上，向东至哈密600千米以上。各城市之间跨度少的在30～60千米，多的在100～200千米，尤其在南疆市场各行政区域跨度在500千米以上，市场区域的大跨度造成新疆乳业的高配送成本，如果向疆外市场进军，新疆距内地市场从哈密算最近的在400千米左右，并且都是二、三级市场，市场规模和容量较小，加之大的乳品生产企业多集中在乌鲁木齐周边，距内地长达几千千米的运输距离，要支出高额的运输成本，会提升乳品企业的营销费用，继而会对新疆乳制品在疆外市场的核心竞争能力产生削弱作用。以液态奶为例，主要通过陆运整车的方式进行运输，每吨奶运输到内地市场的平均成本为1 200元左右，大多数企业都无法承担。偏高的外销成本，导致新疆乳制品加工企业参与国内乳品市场的积极性较差，且竞争力弱，国内市场开拓举步维艰。

5. 牛奶商品率低，急需发展民族特色的乳品

2020年，新疆牛奶产量206万吨，实际用于生产加工的商品奶69万吨（含特色乳品，不含奶吧和合作社的自销量），商品奶原料的95%来自农区规模化奶牛养殖场（合作社）。牧区的新疆褐牛和西门塔尔牛因泌乳期短，产量低，除饲喂犊牛和牧民自食外，仅有少量鲜奶以散售形式供应周边居民，商品奶的供给率仅为3%～5%。生散牛奶在市场销售存在安全隐患。因此，需开发安全、营养、方便、低廉的民族特色的乳品，以适应不同民族和人群需要，提高牛奶的商品率和经济价值。

6. 国内知名乳企入驻，疆内乳企同业竞争无序

新疆处于世界黄金奶源地带，拥有独特的奶源优势；为抢占优质奶源，国内知名乳企（如伊利、蒙牛、光明等）纷纷入驻新疆市场，不断蚕食新疆本地的市场份额，对新疆本地乳企的发展带来了更多的限制因素，促使新疆本地中小型乳企发展日益困难。同时，中国汇源果汁集团有限公司、杭州娃哈哈集团有限公司、新希望集团有限公司等食品领域的巨头也通过资本注入的方式跨行进入新疆乳制品市场，也为新疆本地乳企的发展带来了较大的挑战。此外，新疆本地乳制品加工企业市场营销观念滞后，缺乏开拓国内市场的视野，乳品企业之间联合与协作的意识较差，产业集群内部的组织和协调能力较弱，疆内乳企之间竞争趋向白热化、无序化，不能有效发挥产业集群的协同效应。

四、新疆乳品企业品牌发展存在的问题

新疆乳品加工业发展现状已经严重影响到乳品企业的未来生存和新疆乳业的可持续发展。多年来新疆一直未能步入乳业强省的三甲之列，新疆的乳品企业也始终没能出现"伊利""蒙牛"这样享誉全国的乳品龙头企业。而日益加剧的乳业竞争和兼并、收购，使新疆这些拥有资源优势、但发展缓慢的中小乳品企业的生存空间变得更小。

（一）新疆乳业品牌综合实力与全国性品牌差距大

新疆乳品企业品牌在综合实力方面，还没有完全形成全国性品牌，缺乏强势品牌的引领；在品牌的市场力上，乳品企业总体规模偏小、质量标准偏低；在品牌的管理能力上，新疆乳品企业主要占据液态奶市场，品种单一，附加值低，创新性不足等；从品牌及商标注册上看，新疆乳品企业在品牌建设方面比较滞后，落后于全国乳品企业的步伐，"伊利"在1999年就是中国驰名商标，而拥有强大的资源优势的新疆乳品企业却只有8个新疆著名商标，没有中国驰名商标，仅有1个中国知名品牌。这说明新疆乳品企业的品牌建设缺乏长远的战略规划与布局，不利于新疆乳品企业的长远高效发展。

（二）品牌意识不强，品牌管理水平低，营销手段落后

新疆地处边远，与发达省份相比市场经济发展滞后，重生产轻市场、重数量轻质量、重产品轻品牌的传统观念和习惯做法仍有残余，龙头企业发展与发达地区相比差距很大，市场营销手段落后，市场建设仍停留在广告宣传、展会举办等传统方式上，品牌定位、传播与运作能力不足，无论是生产者、经营者，还是管理者，都存在品牌意识不强的问题，没有完全树立品牌思想，存在较大的随意性，部分企业重认证，轻培育，认为只要有了注册商标，具有一定的市场占有率，很多人知道某企业的某个产品，就代表该企业有了品牌，对品牌建设的投入非常有限，甚至根本不想投入，忽略了品牌资产的建设。有的品牌缺乏文化内涵，品牌建设大多只停留在标志层次，没有进行深度开发，无法形成自己固定的消费群体，有的甚至有牌无品，品牌建设达不到应有的效果。

（三）品牌多而杂，有影响力的大企业和大品牌偏少

新疆乳品企业由于对品牌建设重视不够，没有统一规划，导致乳业品牌多、杂、乱，驰名品牌少，存在同一产品多个品牌的现象。且规模小的企业仍占一定的比重，企业经营不规范、产品质量不高，市场竞争力不强。对全疆乳业品牌进行统计截至2022年，有45个品牌的各类奶

产品。这些产品附加值小，利润少。其中，产值亿元以上的大型企业只有12家，仅占乳品企业总数的18%，有多家是作坊式企业，产量低、规模小。这些小企业中的产品没有形成鲜明特色，市场认知率低，各自批量生产销售，内部竞争激烈，不能形成品牌，市场影响力不足，难于开拓省外市场。这些企业不但争夺了大量的优质原材料，而且产品加工水平低，质量差，低价销售，扰乱乳品销售市场。

（四）品牌效应意识淡化，宣传上的投入不到位

新疆拥有丰富的奶源资源，吸引了大量的外省乳品企业如伊利乳业等入驻新疆，蚕食本地有限的市场份额。疆内乳品企业由于乳业营销和品牌媒体运作同质性强，差异不明显，使自身品牌在消费者中很难形成独特的品牌影响力，地方性乳品名牌麦趣尔、西域春、天润的液态奶在新疆消费者心中有着较高的知名度，但在消费者心目中仍然属于中低档品牌，与蒙牛、伊利在消费心理上有级别之差。事实上，新疆的乳品质量是一流的，缺乏的只是宣传，疆内的乳品企业应在广告宣传方面加大力度。在现代企业发展中，品牌就是效益。通过品牌效应，能促进市场营销，提高企业效益。

（五）缺少市场调查研究，品牌定位缺乏个性

虽然大部分企业已意识到"顾客满意"是生存之本，企业只生产客户要求的产品。可在调查过程中发现新疆80%以上的乳品企业在实际操作过程中还是比较重视生产环节，5%的企业会在销售额降低时被动地开展市场调研活动，主要目标是销售额的变化原因和竞争对手的动态，对于顾客需求偏好的变化很少主动了解。品牌定位是企业在市场定

位和产品定位的基础上，对特定的品牌在文化取向及个性差异上的商业性决策，它是建立一个与目标市场有关的品牌形象的过程和结果。换言之，即指为某个特定品牌确定一个适当的市场位置，使商品在消费者的心中占领一个特殊的位置，当某种需要突然产生时，能立即想到该品牌商品，比如在炎热的夏天突然口渴时，人们会立刻想到清凉爽口的"可口可乐"。新疆乳品企业有40多个自有品牌，可由于缺乏必要的市场调研，品牌定位缺乏个性。

新疆乳业品牌对自身品牌的竞争对手还没有分析到位。对竞争对手的分析是为了给自身品牌提供差异化优势。大部分新疆乳业品牌认为消费者接受外观好看的品牌产品就将产品包装换了又换，没有采取一定的营销策略，仅想依靠不一样的产品包装和不一样的产品名称来吸引消费者是不可能的。当天润乳业品牌产品在对包装进行变更，采用差异化的产品名称、采取不同于以往的营销方式之后，其他乳业品牌去争相模仿，只能给消费者产生"模仿者"形象，从而导致消费者质疑品牌形象、质疑产品口感、质疑奶源资源。因此，当一家企业采用了首席定位策略之后，其他品牌需要在其他方面去挖掘新的优势。

（六）品牌传播方式较单一，缺乏整合营销思想

从我们调查的情况看，新疆90%以上的乳品企业主要靠产品的品质来提高产品的销售，通过单品带动多种产品的销售。主要宣传方式包括在新疆电视台做专题节目、在新疆市场利用分众传媒做楼宇广告、在州地市做车载广告、电台广告、请消费者现场参观等活动。产品卖点的主要促销方式包括降价、卖点推广、产品展示、人员推广、买赠等。但从总体来看，产品促销方式单一，缺乏创新，促销投入较低，很多产品推

广方式呆板，多即兴为之，对产品知名度和美誉度的提升缺乏整体有效的推进。

（七）品牌产品数量规模较小

伊利的产品除涵盖传统乳饮外，还包括冷饮、奶酪产品，伊利集团拥有1 000多个产品品项。蒙牛乳业则包含近400个品项的产品矩阵，相比之下，新疆所有乳企产品总和只有200多项。多元化的产品策略，立体化的品牌体系，两大优势极大地推进伊利和蒙牛在国内市场迅速发展，而新疆乳业在多元化经营布局上仍有一定的差距，在产品策略和品牌体系上远远落后于竞争对手。因此，新疆乳业需要不断完善企业多元化品牌战略，丰富产品矩阵，打造超级品牌，形成全国性效应，提升品牌的知名度和影响力。

第四章　新疆乳企品牌社会认知度调查与分析

一、新疆乳企品牌社会认知度调查问卷设计

品牌认知度和品牌满意度是品牌资产的重要组成部分，也是品牌竞争力的一种体现。本次调查旨在了解新疆消费者对新疆乳企品牌认知度和满意度的情况，从消费者的角度更清晰地了解新疆乳企品牌在消费者心中的形象，从而对新疆乳企品牌竞争力提升提出相应的建议，提高品牌认知度。

（一）设计问卷

本研究针对乳业品牌竞争力提升、品牌认知度、品牌忠诚度等内容收集了大量文献，对文献进行梳理和归纳，总结出问卷设计的总体方向和具体问题，经过专家研讨和理论研究，认为新疆乳业品牌认知度调查问卷可分为以下五个部分：调查者基本信息、新疆消费者行为、品牌信息认知、品牌情感态度、品牌忠诚度，根据这五个内容共设计了二十道选择题，形成正式的调查问卷，包括单选和多选两种题目形式。

（二）研究样本选择

问卷调查采取实地发放问卷和网络平台问卷星发放问卷两种方式，实地发放问卷主要集中在乌鲁木齐市和昌吉市（包括银川路片区、友好路片区、天津路片区、澳龙广场、苏州路片区、西山路片区、锦苑小区、九中校区、经开区片区、昌吉海棠小镇等地），共收回有效问卷621份，伊犁地区收回有效问卷513份，哈密市收回有效问卷342份，阿克苏地区收回有效问卷512份，总计收回有效问卷1 988份。

二、问卷样本基本情况分析

（1）在性别组成上，在问卷样本中男性人数924人，占比46.48%；女性人数1 064人，占比53.52%。女性人数多于男性，这表明在关注乳制品的人群分布上，女性高于男性，这种现象也是合理的。

（2）在年龄分布上，问卷样本中15～24岁有378人，占比19.01%；25～34岁391人，占比19.67%；35～44岁461人，占比23.19%；45～60岁528人，占比26.56%；60岁以上230人，占比11.57%。可以看出各年龄段都有，以45～60岁这一年龄段的消费者所占比重最大，这与饮用乳品可以增强体力、补充钙流失的客观现状相吻合。

（3）从"受教育程度"的数据结果分析，初中及以下205人，占比10.31%；高中学历464人，占比23.34%；大专及本科学历758人，占比38.13%；本科以上561人，占比28.22%。大专及本科学历占比最大，加上本科以上学历占比达到66.35%，这符合学历越高的消费者对品牌的关注程度越高的现象。见图4-1。

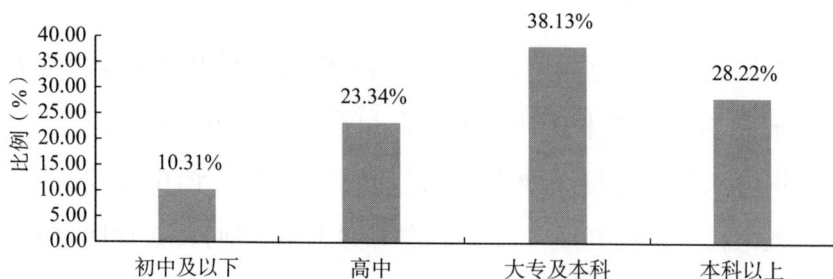

图4-1　被调查人员的受教育程度

（4）从"月收入"的数据结果分析，被调查者中，家庭月收入在3 000～5 000元的人有618人，占比最大，为31.08%；收入在1 000元以下的人有105人，占比最少，为5.28%。家庭月收入在3 000～10 000元的人为调查的主要对象。见图4-2。

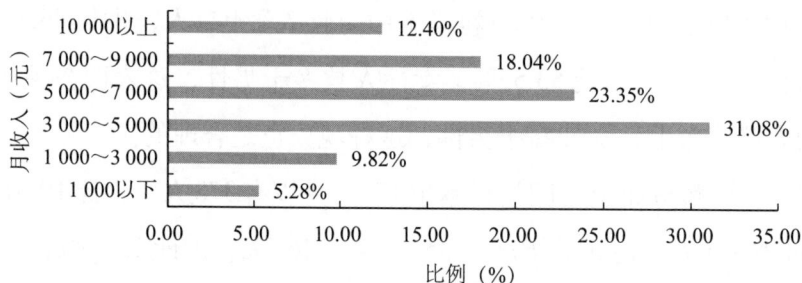

图4-2　被调查人员的月收入情况

（5）从"职业"的数据结果分析，企业一般职员人数最多，有423人，占比为21.28%；学生有339人，占比为17.05%；离退休人员294人，占比14.78%；自由职业者256人，占比12.88%；公务员有224人，占比为11.27%；科教文卫工作者有250人，占比12.58%。由此可见，问卷调查人员以企、事业单位和公务员及学生为主。见图4-3。

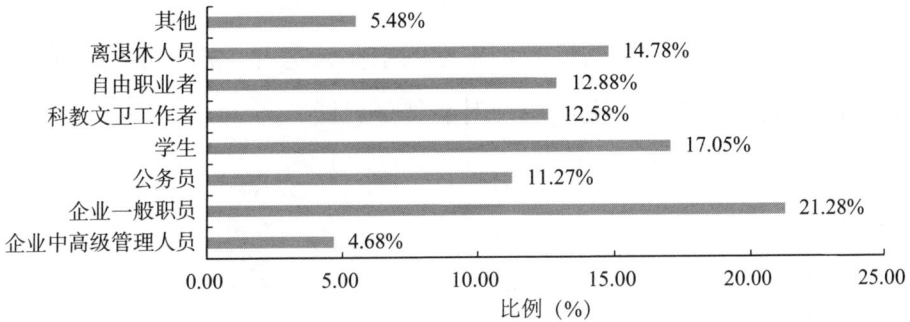

图4-3　被调查人员的职业分布

三、新疆消费者对乳制品的消费习惯分析

消费习惯是指消费者在日常生活中长期形成的某种较为定型化的消费行为，是对一定消费物品具有稳定性偏好的心理表现。如消费者出于某种需要、动机、情感、经验或心理偏好等原因，喜欢使用某种品牌的某种商品，经常且不加挑选和比较地购买。消费习惯对人们的购买行为有着重要的影响。我们对消费者的消费习惯主要从以下几个方面进行了问卷调查。

（一）在饮用乳制品的频率上

可以看出新疆人饮用乳制品的频率较高，1 988位调查者中平均每周饮用乳制品4次以上的人有1 079人，占比为54.27%；每周饮用乳制品1～3次的人有554人，占比为27.86%，也就是说80%以上的被调查者具有长期饮用乳制品的习惯，说明新疆本地乳制品市场需求潜力巨大。见图4-4。在这些长期饮用乳制品的人群中以35～55岁的女性占绝大多数，这个年龄段的女性多是家庭的主要采购者，相比年轻的消费者，其消费理念更成熟、更实用，对品牌更忠诚。

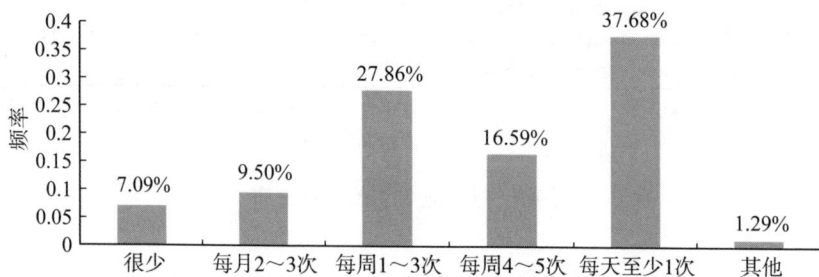

图4-4　被调查人员饮用乳制品的频率

（二）在购买乳制品的习惯上

在购买乳制品的习惯上以比较固定2～3个品牌居多，占比为52.01%，基本固定一个品牌的受调人员占比为30.60%，基本不固定品牌的受调者占比17.39%，见图4-5。说明在新疆乳制品市场上，虽然乳制品种类繁多，品牌纷呈，也只有17.39%的消费者是随机购买，不挑选品牌，相反有82.61%的消费者是固定1个或2～3个乳制品品牌消费的，新疆人在乳制品消费上是有品牌偏好的。

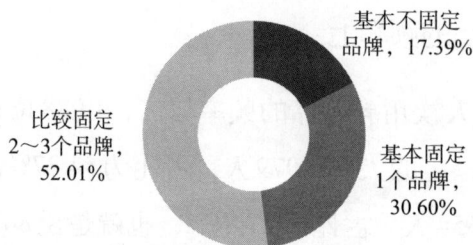

图4-5　购买乳制品的习惯

以固定1个乳制品品牌消费的人群为例，在1 988位被调人员中有608位选择固定一个乳制品品牌消费，其中68.42%的人以常温液态奶为常饮品种，有32.73%的人常饮用低温液态奶（巴氏奶），有36.35%的人常饮用常温酸奶（室温保存），见表4-1。在选择品牌时有57.40%的人选择西域春，32.07%的人选择天润，见表4-2。可见本地老牌乳制品品牌具有一定的优势。

表4-1　经常消费乳制品种类

选项	小计（个）	比例（%）
常温液态奶（室温保存）	416	68.43
低温液态奶（巴氏奶）	199	32.73
低温酸奶（2～6℃）	118	19.41
常温酸奶（室温保存）	221	36.35
加工乳制品（乳酪、冰激凌、奶粉、含乳饮品）	83	13.65
其他	35	5.76
本题有效填写人次（人）	608	

表4-2　优先选择的乳制品品牌

选项	小计（个）	比例（%）
西域春	349	57.40
天润（佳丽、盖瑞）	195	32.07
麦趣尔	45	7.40
南达	32	5.26
瑞缘	40	6.58
其他	70	11.51
本题有效填写人次（人）	608	

（三）购买乳制品时消费者最注重的因素

在购买乳制品时消费者最注重的因素主要是品牌、口味和生产日期，另外营养成分和购买方便也是消费者在乎的因素，见图4-6。这为乳品企业加强品牌管理，完善渠道建设，提升品牌知名度提供了依据，同时也为企业研发新产品、革新技术、提高产品品质指明了方向。也说明新疆消费者购买行为渐趋理性，注重品牌、口味和营养，因此品牌知名度更多地决定消费者的购买行为。

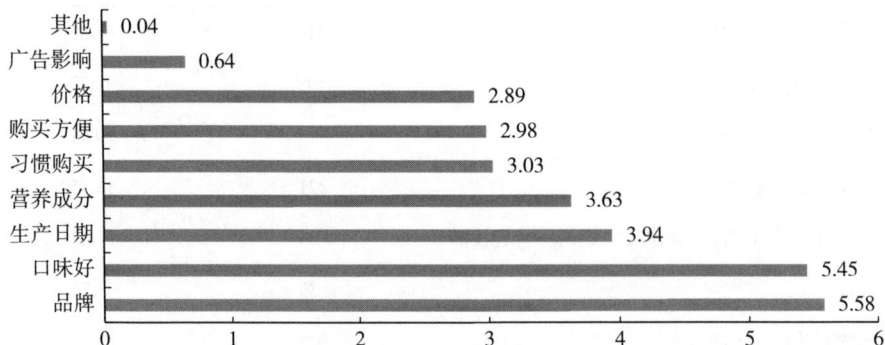

图4-6　购买乳制品时消费者最注重的因素

其他　0.04
广告影响　0.64
价格　2.89
购买方便　2.98
习惯购买　3.03
营养成分　3.63
生产日期　3.94
口味好　5.45
品牌　5.58

（四）消费者经常消费的乳制品种类

在经常消费的乳制品的种类上新疆消费者以常温液态奶为最多，占比达到63.29%，常温酸奶其次，占比达到35.1%，低温液态奶占比为32.21%，低温酸奶占比为26.25%，见图4-7。可以看出新疆消费者消费习惯以易于保存的常温液态奶和酸奶为主，对低温液态奶（巴氏奶）、低温酸奶的消费有待提高，这与对乳制品饮用的常识有一定关系，企业应在低温液态奶的宣传上多下功夫，引导消费者健康消费。

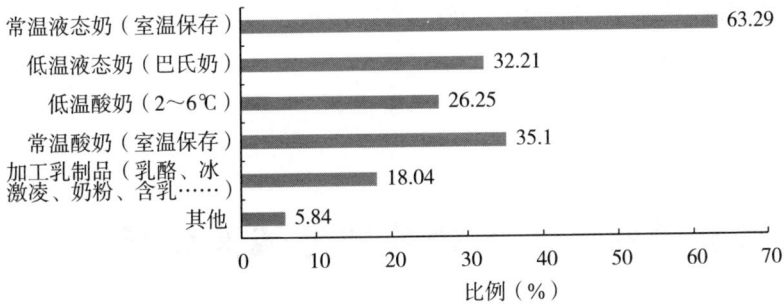

常温液态奶（室温保存）　63.29
低温液态奶（巴氏奶）　32.21
低温酸奶（2～6℃）　26.25
常温酸奶（室温保存）　35.1
加工乳制品（乳酪、冰激凌、奶粉、含乳……）　18.04
其他　5.84

比例（%）

图4-7　消费者经常消费的乳制品种类

（五）消费者对销售渠道的选择

问卷调查中在销售渠道的选择上，消费者对大型商超、周边超市、小卖店的选择相对较多，传统的销售渠道仍然占据绝对地位，同时也呈现出网上订购、社区奶站、居民区散装奶等销售渠道选择多元化的情况。见图4-8。尤其是网上订购这一新兴渠道虽然目前只有4.51%的占比，但随着各种消费平台的不断涌现和消费者消费意识的不断更新，网上订购的方式应该会是将来购买产品的主要趋势，会被越来越多的消费者接受和喜爱。对企业来说开拓新的消费平台将是今后市场开拓的主要

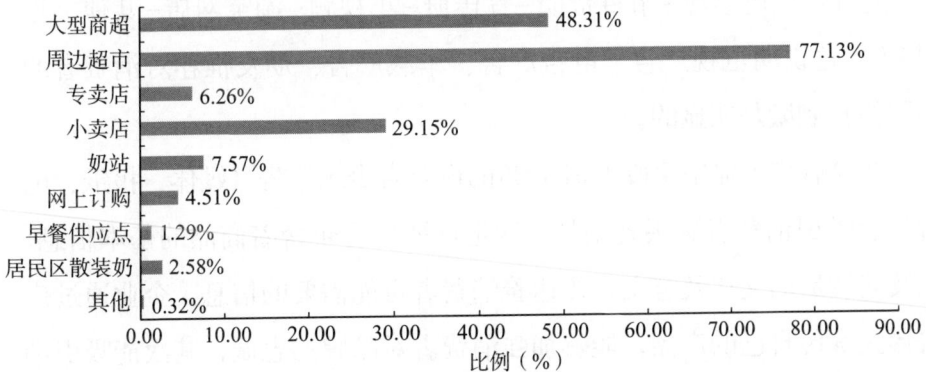

大型商超　48.31%
周边超市　77.13%
专卖店　6.26%
小卖店　29.15%
奶站　7.57%
网上订购　4.51%
早餐供应点　1.29%
居民区散装奶　2.58%
其他　0.32%

比例（%）

图4-8　消费者对销售渠道的选择

方向，只有提供更加便捷和多样的消费渠道，才能将潜在的消费者变成实际的品牌忠诚者。

四、消费者对乳制品的品牌忠诚度分析

消费者对某种品牌的忠诚是从认知到行为，行为到态度，态度再到行为的一个过程。消费者对乳制品品牌的购买行为首先是对该品牌产生一定的认知，有了一定的了解，然后做出购买行为，体验产品后达到满意的认知，有一个态度的好评，好的评价和体验提高了消费者下次仍然购买这一品牌的可能性，持续满意使得消费者产生反复购买的行为，因此品牌忠诚就形成了。

（一）消费者对乳制品品牌的认知途径

在调查消费者对乳制品品牌的认知途径上，69.73%的调查者是通过电视广告获取的，其次是电台广告-车载广告-朋友推荐-专题节目-消费者现场参观-节目赞助-宣传册-小视频-淘宝网店-其他，见图4-9。这说明电视广告、电台广告、车载广告、朋友推荐对消费者的品牌信息刺激是明显的。

在品牌广告促销手段上61.17%的调查者表示广告（媒体、报纸、电台）能吸引消费者购买乳制品，这也说明广告包含着商品的基本信息，以及其背后的文化及意义，传达着消费者可能需要的信息，企业通过广告形式宣传自己的产品，能够加强消费者对品牌的忠诚，其次能吸引消费者的依次是降价促销-互联网平台-优惠券-专家推荐。见表4-3。

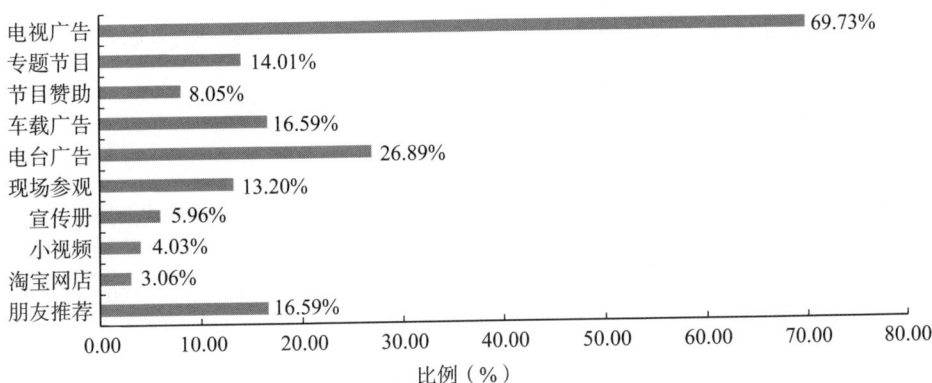

图4-9　消费者对乳制品品牌的认知途径

表4-3　能吸引消费者的促销方式

选项	人次	比例（%）
广告（媒体、报纸、电台）	1 216	61.17
降价促销	784	39.43
互联网广告	445	22.38
优惠券	371	18.66
专家推荐	362	18.21
其他	51	2.56
本次有效填写人次（人）	1 988	

（二）消费者对乳制品的品牌情感态度

消费者对乳制品的品牌情感态度是消费者购买产品的心里决策过程，主要从品牌满意、品牌信任和缺货态度上反映。调查中选择购买西域春的原因是味道好的占61.84%，见图4-10。品牌知名度高占比56.84%，说明新疆消费者在购买乳制品时更多的是追求口感的满足和品牌价值的满足，而西域春品牌达到了消费者的这种满足体验，促进了消费者购买意向的产生。

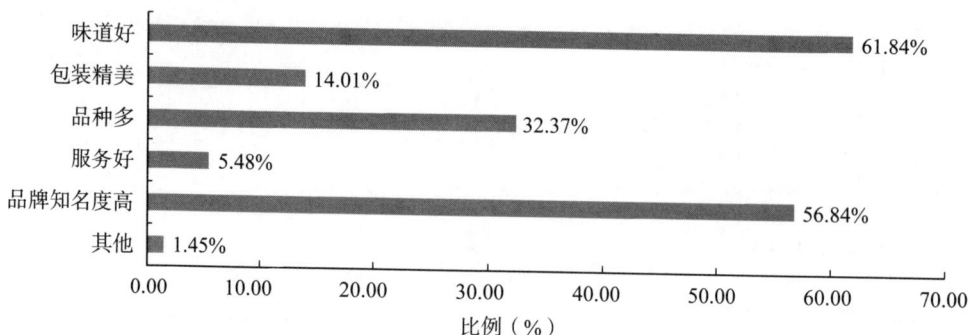

图4-10　消费者选择西域春乳品的原因

在购买乳制品时的顾虑方面，75.68%的消费者担心质量没有保证，52.33%的消费者担心吃了不健康，见图4-11。可以看出消费者更关心产品的质量和品质。品牌信任是影响消费者购买行为的重要因素，消费者进行消费的过程就是品牌体验的过程，良好的品牌体验可以促进品牌信任的产生，消费者对品牌越信任，对产品越容易接受，购买的比例也会提升，重复购买行为就会增加。

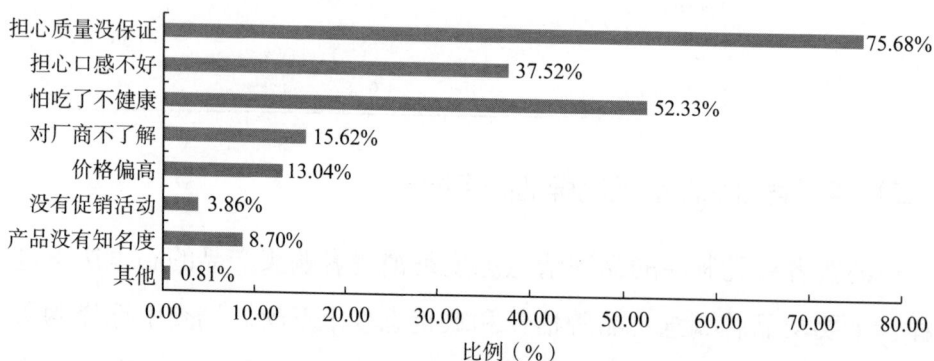

图4-11　消费者选择乳制品的顾虑

从缺货态度上就可以看出消费者对乳制品的品牌情感态度。如果消费者在去购买自己经常消费的品牌时，在售卖点买不到该品牌时也不会转而购买其他品牌产品，说明消费者是该品牌的忠实用户，对该产品是绝对的忠诚。在调查中有43.96%的调查者表示即使西域春品牌一时缺货，也不会购买其他的品牌，有23.67%的调查者认为即使天润品牌一时缺货，也不会购买其他的品牌，说明在新疆消费者心目中这两大品牌的情感度较高。

（三）消费者对乳制品的品牌忠诚度

品牌忠诚是消费者对某品牌产品或服务的信任和偏爱不受环境变化、价格变化、营销力量变化等的影响而长期反复购买的行为。品牌知名度是培养品牌忠诚的基础，是消费者评价一个品牌的重要因素，品牌知名度越高，消费者对其评价越高，越能促进消费，进而消费者对品牌越是忠诚，在调查购买乳制品品牌的理由时，有56.84%的调查者表示选择购买西域春的理由是品牌知名度高，在食品安全的背景下，消费者更会选择高知名度的品牌来规避风险，消费者对于自己熟悉的产品比较依赖，遵循规避风险的原则，他们很少会选择自己不熟悉或是知名度不高的产品。

新疆消费者在乳制品市场品牌不胜枚举的时代，在购买乳制品时首先想到的品牌排序是西域春－天润－麦趣尔－蒙牛－伊利－花园－瑞缘－南达；优先选择购买的品牌依次是西域春－天润－麦趣尔－瑞缘－南达；在未经提示下，能够正确辨认品牌包装的依次顺序是西域春－天润－蒙牛－伊利－麦趣尔－花园－瑞缘－南达；调查中有51.37%的人认为在各品牌乳品品质相当的情况下，即使西域春品牌比其他品牌的产品稍贵一些，仍会选择购买该品牌，说明消费者对西域春品牌的忠爱不会因为价格的变动而改变，对该品牌忠诚度高。

第五章 新疆乳品企业品牌
竞争力评价

为更好地建设和发展新疆乳品企业品牌，有效解决制约乳品企业品牌建设及发展的相关问题，首先应找准影响新疆乳品企业品牌建设的关键因素，并针对主要的影响因素进行深层次的探析，制订出适宜新疆乳品企业发展的有效战略及发展思路，以更好地推动乳品企业品牌建设与发展。本章通过建立新疆乳品企业品牌竞争力评价指标体系，采用熵值法计算各级评价指标的权重，以此测定新疆乳品企业品牌竞争力水平。

一、新疆乳品企业品牌竞争力评价指标体系

新疆乳品企业品牌竞争力评价体系的建立是进行有效评价新疆乳品企业品牌竞争力的基础。评价体系是一个综合系统，受到多方面因素的影响，它的建立需要科学的理论指导和合理的原则作为支撑，需符合系统性、科学性等评价原则。

本研究在借鉴学界关于乳业品牌竞争力相关研究的基础上，基于乳品企业的实际情况，从品牌市场力、品牌管理能力、品牌基础力三个层

面构建指标体系，具体指标体系构建的原则和方法及指标体系概况如下文所介绍。

(一) 评价指标体系构建原则

通过对新疆乳品企业品牌竞争力进行评价，从更深层次了解各个乳品企业的发展情况，找出影响各乳品企业发展的关键因素，以便各企业能够正确认知自身的发展优势与劣势，进而采取相应措施，提升乳品企业的品牌竞争力。新疆乳品企业品牌竞争力的指标体系设定过程中，涉及定性和定量指标，需将二者相结合使用，同时新疆乳品企业品牌竞争力评价中须遵循以下原则。

1. 科学性原则

为确保新疆乳品企业品牌竞争力评价指标体系的科学性，指标选取应基于国内外的相关研究及所采用的评价指标体系进行搭建。构建新疆乳品企业品牌竞争力评价指标体系需将理论与实践相结合，一方面建立指标体系需遵循科学的理论依据，使建立的乳品企业品牌竞争力评价指标体系避免基本概念、逻辑结构错误；另一方面指标体系的建立需结合乳品企业的实际情况，抓住最有代表性的评价指标。另外，基于新疆乳品企业品牌竞争力指标的多样性和关联性特征，评价过程中须选择更能反映评价对象的指标因素，排除关联度较低的指标。

2. 系统性原则

新疆乳品企业品牌竞争力的评价是多属性决策问题，其评价指标体系的构建应当系统、全面、综合。由于新疆乳品企业品牌竞争力受企业内部和外部诸多因素影响，各个因素相互影响、相互制约，因而评价指标体系的设计须在系统性原则的指导下，根据评价目标的具体要求，综合考虑各个指标要素相互之间的内在联系与区别，更需要在同一系统中进行比较和筛选，使得评价指标体系更具逻辑性，使得整个新疆乳品企业品牌竞争力评价指标体系形成一个层次分明的系统。

3.全面性原则

现如今，新疆乳品企业正处于发展阶段，市场中的各个乳品企业自身处于不同的生命周期。建立新疆乳品企业品牌指标体系的过程中，需将指标做到动态可调且以现实为依据。构建的指标体系不仅需从动态角度分析新疆乳品企业核心竞争力的变化规律，还需要能够反映某一时间点乳品企业的核心竞争能力。同时，指标体系须全面、具体，以充分反映品牌的各方面，既要考虑财务指标，也需考虑非财务指标，总之，与乳品企业品牌相关的各方面均需要考虑。指标体系建设初期，应尽可能多选择反映品牌的各个方面指标，以确保其有筛选的余地，增强指标的说服力。

4.可得性原则

指标体系的设计不仅需要考虑其能否反映新疆乳品企业的品牌竞争力，还需要考虑到数据的可获得性。评价指标所需的数据需要易获取、易整理并有可比性，避免建立的指标体系无法使用，影响实际工作。由于指标的衡量单位差异，获得的数据还存在差异，需要进行量化处理，使不同量级的数据之间有可比性。

5.可比性原则

由于所研究的乳业品牌企业自身具有独特的发展特性，不同乳品企业由于自身经营业务所处的区域环境、发展阶段不同，反映竞争能力的指标也存在差别。为了使评价结果更具有可比性，充分反映经营领域内多个乳品企业之间的竞争力差异，选取过程中应当以可比性为原则，实现乳业品牌企业在行业内部之间的横向对比。

综上所述，这五大原则是建立新疆乳品企业品牌竞争力评价体系的基础，各个原则间相互协调统一，同时在选取指标和进行数据统计时需遵循科学的审计原则，以保证评价内容的客观、科学、合理。

(二) 评价指标选取依据

企业的品牌竞争力由多个部分共同组成，这些部分相互影响、相互联系，评价指标的构建需要从影响企业品牌竞争力的各个因素出发。本研究结合新疆乳品企业的特征，建立了由品牌市场力、品牌管理能力和品牌基础力等三大类指标构成的新疆乳业品牌竞争力评价指标体系。

本研究选取的评价指标由定量指标和定性指标共同组成。定量指标相对客观、准确，也较易获取，一般可以通过相关信息渠道得到，或是由相关公式直接计算取得。然而新疆乳品企业品牌竞争力的评价是一个多属性决策的过程，并不是所有反映新疆乳品企业品牌竞争力的评价指标都可以被量化，部分具有代表性的反映新疆乳品企业品牌竞争力的影响因素只能通过定性描述表达，适量加入定性指标可以弥补定量指标的不足，确保所建立的评价指标模型可以较为准确地反映出多种复杂因素作用的情况。因此，基于评价目的和数据信息收集的客观局限性，本研究将在定性分析和定量分析的基础上构建评价指标体系。基于新疆乳品企业品牌竞争力现状，结合新疆乳品企业的特质，完成评价指标选取。研究中通过对乳品企业管理人员和普通员工进行访谈，归纳总结前人研究成果，选取定性和定量指标，最终建立新疆乳品企业品牌竞争力评价模型和评价指标体系。

（三）评价指标体系构建

根据国内外现有关于乳品企业品牌竞争力评价的文献及其研究成果，结合行业专家的相关意见，本研究构建了新疆乳品企业品牌竞争力评价指标体系，包括3个一级指标、9个二级指标、27个三级指标，用以评价新疆乳品企业品牌竞争力，见表5-1。新疆乳品企业品牌竞争力的评价指标体系主要分为以下三个部分：

1. 品牌市场力

品牌市场力是品牌竞争力外在的、显性的指标体系，主要涉及两个方面：一是反映乳品企业市场占有能力，二是反映乳品企业品牌盈利能力。

研究中选取了企业品牌总数、销售人员总数和企业市场占有率来反映各个乳品企业的市场占有情况，其中企业品牌总数指的是乳品企业的品牌数量；销售人员总数是指乳品企业中，从事乳产品销售的人员数量；企业市场占有率则是指乳制品的市场占有情况，该值是用某乳品企业的销售总量与全国乳制品销售总量的比值计算得来。

同时选取了总资产报酬率、净资产收益率、销售利润率三个指标以反映乳品企业品牌盈利能力，其中总资产报酬率是息税前利润除以资产平均总额得到的百分比率，表示乳品企业的全部资产获取收益的水平，该值可以全面反映乳品企业的获利能力及投入产出情况，该指标越高，表明乳品企业的投入产出水平越好，乳品企业的资产运营越有效；净资产收益率是乳品企业税后利润除以净资产得到的百分比率，该指标用以衡量乳品企业运用自有资本的效率，该指标值越高，说明乳品企业投资带来的收益越高；销售利润率是乳品企业的利润与销售额之间的比率，用以说明乳品企业的获利能力。

表5-1　新疆乳品企业品牌竞争力评价指标体系

目标层	准则层二级指标		指标层	指标确定方法
新疆乳品企业品牌竞争力（A）	品牌市场力（B1）	市场占有能力（C1）	企业品牌总数（D1）	统计数据
			销售人员总数（D2）	统计数据
			企业市场占有率（D3）	统计数据
		品牌盈利能力（C2）	总资产报酬率（D4）	息税前利润/资产平均总额×100%
			净资产收益率（D5）	税后利润/净资产×100%
			销售利润率（D6）	销售利润总额/销售收入总额×100%
	品牌管理能力（B2）	品牌形象力（C3）	品牌定位能力（D7）	专家打分
			品牌传播能力（D8）	专家打分
			品牌运作能力（D9）	专家打分
			品牌个性（D10）	专家打分
		品牌发展力（C4）	总资产增长率（D11）	本年总资产增长额/上年总资产×100%
			利润增长率（D12）	本年利润增长额/上年利润总额×100%
			主营业务收入增长率（D13）	本年主营业务收入增长额/上年主营业务收入×100%
			奶源控制能力（D14）	统计数据
	品牌基础力（B3）	企业管理能力（C5）	总资产周转率（D15）	主营业务收入净额/平均资产总额×100%
			成本费用利润率（D16）	利润总额/成本费用总额×100%
			企业广告费用（D17）	统计数据
		技术创新能力（C6）	研发投入（D18）	统计数据
			研发人员比例（D19）	企业研发人员数量/公司总人数×100%
			专利项数（D20）	统计数据
		企业文化（C7）	企业文化比较优势（D21）	专家打分
			企业文化建设投入（D22）	专家打分
		企业家及人力资本能力（C8）	企业家才能（D23）	专家打分
			职工学历构成（D24）	大学以上人数/员工总数
		企业规模和集团化水平（C9）	职工总人数（D25）	统计数据
			销售总额（D26）	统计数据
			企业资产总额（D27）	统计数据

2. 品牌管理能力

本研究用乳品企业的品牌形象力和品牌发展力来反映各个乳品企业的品牌管理能力。品牌形象力主要是通过乳品企业的品牌定位能力、品牌传播能力、品牌运作能力和品牌个性这四个指标反映，其中品牌定位能力指的是乳品企业为使得某一品牌的乳业产品在消费者心中占据一定位置而确定的市场定位；品牌传播能力通常是通过品牌知名度来体现，其中品牌知名度指的是乳业产品品牌为消费者所知晓的程度，反映了乳业产品品牌影响的范围或广度；品牌运作能力指乳品企业在市场定位、产品定位的基础上，通过品牌传播，塑造乳品企业品牌的能力；品牌个性主要是指乳品企业中的某一品牌与其他品牌之间的个性差异。

而品牌发展力是通过总资产增长率、利润增长率、主营业务收入增长率和奶源控制能力指标来体现的，其中总资产增长率是本年总资产增长额除以上年总资产得到的百分比率，该值越高，表明乳品企业一定时期内资产经营规模扩张的速度越快；利润增长率是指本年利润增长额与上年利润总额之间的比率，该值越高，说明乳品企业百元商品销售额提供的营业利润越多，乳品企业的盈利能力越强；主营业务收入增长率是本年主营业务收入增长额除以上年主营业务收入得到的百分比率，通过该指标可以判断乳品企业主营业务的发展状况；奶源控制能力是乳品企业对于自有奶源的控制能力。通过该指标可以判断乳品企业的奶源质量是否优质。

3. 品牌基础力

品牌基础力主要由企业管理能力、技术创新能力、企业文化、企业家及人力资本能力和企业规模和集团化水平五项指标构成。

一是企业管理能力，主要包括总资产周转率、成本费用利润率、企业广告费用指标，其中总资产周转率是销售收入与总资产的比值，该指标是反映乳品企业资产运营效率的重要指标之一，一般该值越高，表明乳品企业的总资产周转速度越快；成本费用利润率是利润总额与成本费用总额之间的比率，它体现了乳品企业经营耗费所带来的经营成果，通常情况下，该项指标越高，利润越大，说明企业的经济效益越好；企业广告费用是乳品企业为宣传乳产品、扩大市场占有额进行广告宣传所花费的金额。

二是技术创新能力，技术创新能力的强弱是乳品企业是否得以发展的动力源泉，主要涉及研发投入、研发人员比例和专利项数指标，其中研发投入是乳品企业中有关研究开发新产品、新技术所进行的投入；研发人员比例指的是乳品企业中从事研究开发人员占企业总人数的比例；专利项数是指乳品企业中申请专利的数量。

三是企业文化，包含企业文化比较优势和企业文化建设投入，其中企业文化比较优势指的是与同行业的竞争对手相比较，本企业的企业文化对品牌竞争力提升的促进和推动作用；企业文化建设投入是指用于企业文化建设的多种资源投入力度。

四是企业家及人力资本能力，包括企业家才能和职工学历构成两个指标，企业家才能指的是乳品企业中企业家运用并组织土地、资本、劳动和信息等生产要素从事乳业产品生产、创新活动及承担生产经营活动风险的能力；职工学历指的是乳品企业中职工的学历水平。

五是企业规模和集团化水平，主要涉及职工总人数、销售总额和企业资产总额指标，其中职工总人数指的是各个乳品企业中现有职工的数量；销售总额指的是乳品企业销售各类乳制品、产品的总销售额；企业资产总额指乳品企业拥有的全部资产的数额。

二、新疆乳品企业品牌竞争力评价模型构建

（一）评价方法选择

对新疆乳品企业品牌竞争力进行评价，首先要建立新疆乳品企业品牌竞争力评价指标体系，其次考虑评价指标赋权的问题，评价指标权重的合理性将在很大程度上影响到后续新疆乳品企业品牌竞争力评价的准确性。在新疆乳品企业品牌竞争力评价指标权重确定后，还需选择适宜的评价方法，科学合理有效的评价方法将会使评价结果更加公正客观，也更有说服力。

1.指标赋权方法选择

指标权重的确定对于有效评价新疆乳品企业竞争力至关重要，目前，国内外有关乳品企业品牌竞争力评价的相关文献中，对评价指标赋权的方法主要有两大类：主观赋权法和客观赋权法，常用的主观赋权法包括层次分析法（AHP）和专家调查法等，客观赋权法包括变异系数法、熵值法、主成分分析法等。本研究综合最终收集到的相关数据资料的可使用性，拟选用熵值法对新疆乳品企业品牌竞争力的评价指标进行赋权。

2.综合评价方法选择

常用的综合评价方法大致可以划分为四类：一是专家评价法，涉及专家打分法；二是运筹学等数学方法，具体包含层次分析法（AHP）、数据包络分析法（DEA）、模糊综合评判法；三是新型评价法，涵盖人工神经网络（BP）、灰色评价等；四是混合方法，包括AHP-模糊综

合评价法、模糊综合评判法、层次分析法-逼近理想解排序法（AHP-Topsis）、层次分析法-逼近理想解排序法-使用状况评价法（AHP-Topsis-Poe）、熵权-逼近理想解排序法（Topsis）、逼近理想解排序法（Topsis）-灰色关联度等。不同的评价方法有各自的优缺点，研究中采用不同的评价方法所得到的评价结果也存在差异。本研究结合新疆乳品企业品牌竞争力的特性，采用熵值法确定评价指标的权重，再将其用于乳业品牌竞争力综合评价，以此评价新疆乳品企业的品牌竞争力。

3. 指标权重的确定

在信息论中，熵解释为一种对不确定性程度的度量，熵值的大小与信息量的多寡有关。能够提供的信息量越多，不确定性就越低，熵也相应地越小；反之，熵就越大。熵值法求解评价指标的权重的原理在于评价指标值能提供给决策者信息量的多寡。某项指标离散程度越高，对应的熵值就越小，其能够提供给决策者的有效信息量就越多，评价指标的权重也就越大；反之，评价指标的权重则越小。

研究表明，依据评价指标的优良标准，指标可分为正向指标及逆向指标。正向指标即效益型指标，其指标值越大，就越接近理想值，表示评价指标反映的情况越好；逆向指标即成本型指标，其指标值越小，就越接近理想值，表示评价指标反映的情况越优秀。熵值法求解评价指标权重的步骤如下：

（1）依据收集到的统计数据建立原始矩阵：

$$X = \begin{bmatrix} x_{11} & x_{2n} & \cdots & x_{1n} \\ x_{21} & x_{22} & \cdots & x_{2n} \\ \vdots & \vdots & & \vdots \\ x_{m1} & x_{m2} & \cdots & x_{nm} \end{bmatrix} \qquad （式5-1）$$

（2）对原始统计数据矩阵中的效益型指标和成本型指标的值分别按下列公式进行标准化处理：

$$Y_{ij} = \frac{X_{ij} - \min\limits_{1 \leq i \leq m}\{X_{ij}\}}{\max\limits_{1 \leq i \leq m}\{X_{ij}\} - \min\limits_{1 \leq i \leq m}\{X_{ij}\}} \quad (i=1,2,3,\cdots,m; j=1,2,3,\cdots,n) \qquad （式5-2）$$

$$Y_{ij} = \frac{\max\limits_{1 \leq i \leq m}\{X_{ij}\} - X_{ij}}{\max\limits_{1 \leq i \leq m}\{X_{ij}\} - \min\limits_{1 \leq i \leq m}\{X_{ij}\}} \quad (i=1,2,3,\cdots,m; j=1,2,3,\cdots,n) \qquad （式5-3）$$

得到标准化矩阵：

$$\boldsymbol{Y} = \begin{bmatrix} y_{11} & y_{2n} & \cdots & y_{1n} \\ y_{21} & y_{22} & \cdots & y_{2n} \\ \vdots & \vdots & & \vdots \\ y_{m1} & y_{m2} & \cdots & y_{nm} \end{bmatrix} \qquad （式5-4）$$

（3）对标准化矩阵中的数据进行归一化处理：

$$G_{ij} = \frac{Y_{ij}}{\sum\limits_{i=1}^{m} Y_{ij}}, i=1,2,3,\cdots,m; j=1,2,3,\cdots,n \qquad （式5-5）$$

（4）依据下列公式求第 j 个指标的熵值：

$$H_j = -k \sum\limits_{i=1}^{m} G_{ij} In(G_{ij}), j=1,2,3,\cdots,n \qquad （式5-6）$$

式中 $k > 0$ 时，是与 m 有关的常数，$k = \dfrac{1}{In(m)}$，当 $G_{ij} = 0$ 时，取 $G_{ij} = 0.001$。

（5）依据下列公式求解指标权重：

$$P_j = \frac{1 - H_j}{\sum_{j=1}^{n}(1 - H_j)}, \quad j = 1, 2, 3, \cdots, n \qquad \text{（式5-7）}$$

4. 综合评价

为深入探析乳品企业的品牌竞争力，本研究中采用的竞争力评价模型如式5-8所示：

$$F_i = \sum_{j=1}^{n} P_j x_{ij}^{'} \qquad \text{（式5-8）}$$

式中，P_j是熵值法的权重，x_{ij}是三级指标中第ij项样本数据的标准化值。

（二）新疆乳品企业品牌竞争力评价的实证

1. 数据来源及指标数据

本研究的数据主要是由定量数据和定性数据两个部分构成。

（1）定量数据　定量数据一部分主要是由"提升奶业品牌竞争力与信息化建设"课题组于2021年4—9月对新疆主要乳品企业（如天润乳业、麦趣尔、南达、西域春、瑞源）进行的实地调查中获得，与此同时为进一步深入分析新疆乳品企业与国内乳品企业的差异，研究中还选取了伊利、新希望两家国内乳品企业作为对比进行分析，相关数据资料主要是通过调研、电话访谈获得，调查内容主要涉及2018—2020年各个乳品企业反映企业竞争力的情况。另外一部分数据资料来源于选取的7家乳品的2018—2020年的企业年报、各个乳品企业官网、网上资讯和2018—2020年的《中国奶业年鉴》等。

（2）定性数据　由于乳品企业竞争力评价指标体系中存在部分定性

描述的指标，这部分数据资料无法由现有统计数据、相关资料中获取，也不能通过现有数据进行计算获得，这些定性指标可通过设计乳业品牌竞争力评价调查问卷（附录二），依靠畜牧业、奶业、农业经济、经济管理等领域中具有丰富经验或专业知识的专家学者打分计算整理后赋值。本研究中关于定性指标的数据，如品牌定位能力、品牌传播能力、品牌运作能力和品牌个性等则是由30位专家打分获得，并经过式5-2、式5-3标准化处理获得。

2.指标权重计算

采用熵值法对乳业品牌竞争力评价指标体系中的各项指标进行赋权时，本研究主要是通过Excel来计算各项指标的权重，结果见表5-2。同时为明晰各项指标的重要程度，本研究根据实际情况，并结合熵值法计算所得的权重，将各个指标的权重系数分别按照一般重要、重要和非常重要三个等级进行了划分，其中权重系数值在0～0.02之间且包含0.02时，为一般重要，用Ⅰ表示；权重系数值在0.02～0.06之间且包含0.06时，为重要，用Ⅱ表示；权重系数值在0.06～0.10之间且包含0.10时，为非常重要，用Ⅲ表示；结果见表5-2。总体来看，第一，企业广告投放费用、企业专利数、企业品牌总数、企业市场占有率、企业研发投入、销售总额和企业资产总额指标被划分为非常重要，这也说明这些指标是影响乳品企业品牌竞争力的最为关键的因素；第二，企业家才能、职工总人数、销售人员总数、企业研发人员比例等12个指标被划分为重要，即这些指标是评价乳品企业品牌竞争力的重要指标，这与国家倡导的奶业振兴、新疆奶业高质量发展的目标相一致，奶业振兴的关键之一在于乳品企业的创新，即奶品质量的提升，企业品牌竞争力的增强；第三，企业文化建设投入、企业文化比较优势、奶源控制能力等指标为一般重要，即这些指标也会影响乳品企业的品牌竞争力，其影响程度一般。

表5-2　各评价指标权重

指标	权重	排序	按重要程度分类	指标	权重	排序	按重要程度分类
企业广告投放费用	0.085 9	1	Ⅲ	品牌定位能力	0.024 0	15	Ⅱ
企业专利数	0.078 0	2	Ⅲ	品牌传播能力	0.021 8	16	Ⅱ
企业品牌总数	0.072 6	3	Ⅲ	品牌个性	0.021 1	17	Ⅱ
企业市场占有率	0.071 6	4	Ⅲ	成本费用利润率	0.020 8	18	Ⅱ
企业研发投入	0.071 3	5	Ⅲ	职工学历构成	0.020 3	19	Ⅱ
销售总额	0.070 9	6	Ⅲ	企业文化建设投入	0.019 9	20	Ⅰ
企业资产总额	0.063 5	7	Ⅲ	企业文化比较优势	0.019 2	21	Ⅰ
职工总人数	0.059 2	8	Ⅱ	总资产周转率	0.017 5	22	Ⅰ
销售人员总数	0.058 4	9	Ⅱ	总资产报酬率	0.016 3	23	Ⅰ
企业研发人员比例	0.031 8	10	Ⅱ	净资产收益率	0.014 9	24	Ⅰ
企业家才能	0.028 6	11	Ⅱ	主营业务收入增长率	0.013 5	25	Ⅰ
总资产增长率	0.026 7	12	Ⅱ	利润增长率	0.011 4	26	Ⅰ
品牌运作能力	0.026 3	13	Ⅱ	奶源控制能力	0.009 0	27	Ⅰ
销售利润率	0.025 5	14	Ⅱ				

　　具体而言，销售利润率是品牌盈利能力指标的重要影响因素，通常对于各个乳品企业而言，盈利是其根本目的，销售利润率则在一定程度上反映了乳品企业的盈利能力。品牌运作能力和品牌定位能力是品牌形象力指标的重要影响因素，这是各个乳品企业依据自身优势、产品或服务的特点、消费者需求等确立品牌价值与品牌文化的重要表现。总资产增长率是品牌发展力指标的重要影响因素，这是反映乳品企业总资产增长程度的指标，也体现了企业的发展情况。企业广告投放费用是企业管理能力指标的重要影响因素，乳品企业的广告投放费用情况是企业在

产品营销管理方面的反映，为拓宽营销渠道、推广乳产品，企业在进行日常经营管理的过程中，通常会采取增加广告费用的投入的方式以增强产品知名度，提升其竞争力。企业专利数是技术创新能力指标的重要影响因素，这与国家及自治区层面倡导的乳业创新、乳品企业高质量发展不谋而合。企业文化建设投入是企业文化指标的重要影响因素，它在一定程度上是企业文化的反映。企业家才能是企业家及人力资本能力指标的重要影响因素，人力资本是乳品企业发展的根本动力和核心竞争要素，有利于提升乳品企业的投入产出率和获利水平。营业收入是企业规模和集团化水平指标的重要影响因素，是乳品企业的整体盈利状况的反映。

（三）选取乳企情况介绍

为进一步评估新疆乳品企业的品牌竞争力，本研究选取了全国乳品企业的标杆伊利乳业和区域乳品企业的代表新希望乳业作为参照，与新疆本地的5家乳品企业进行比较，这五家分别是新疆天润乳业有限公司（简称"天润"）、新疆西域春乳业公司（简称"西域春"）、新疆麦趣尔乳业公司（简称"麦趣尔"）、新疆瑞源乳业公司（简称"瑞源"）、新疆南达新农业开发公司（简称"南达"）。

1. 内蒙古伊利实业集团股份有限公司

内蒙古伊利实业集团股份有限公司是一家专门从事乳制品的生产、包装、销售的大型民营企业和上市公司，是中国乳制品业的领军企业，全国乳品行业龙头企业之一，国家重点工业企业之一。2020年伊利集团成功跻身全球5强，成为首个进入全球乳业五强的亚洲乳企。

伊利集团始终坚持推进全球品牌体系建设，不断增强品牌与消费者的沟通和互动，用高品质的产品和服务，提升品牌竞争优势。无论在经济影响力、技术影响力、文化影响力、社会影响力等方面都展示了行业领导的绝对优势，在品牌发展上具有独特优势。公司坚守"伊利即品质"信条，落实"品质领先"战略，继续以创新和国际业务为突破，深入贯彻"精准营销、精益运营和精确管理"策略，构建统一、规范、特色鲜明的企业文化建设体系，制订高度匹配公司战略需要的企业文化战略，持续推进企业文化建设与业务发展深度融合，促进全员积极践行和传承企业文化，进一步增强组织的向心力、凝聚力、战斗力。"伊利即品质"的企业信条已经深入人心，视品质如生命已经成为伊利人的行为准则；卓越、担当、创新、共赢、尊重的核心价值观，已经成为伊利人高度认同和积极践行的价值理念；伊利的文化氛围更加开放、多元、富有活力；始终如一的主人翁心态、高度的责任心、超强的执行力作为伊利人特有的精神内核持续沉淀，愈加厚重。企业文化已成为伊利不可复制的核心竞争力，引领着伊利人朝着"成为全球最值得信赖的健康食品提供者"的愿景奋发向前。

2. 新希望乳业股份有限公司

新希望乳业股份有限公司是新希望集团旗下的集团化乳品企业，中国最具活力与创新的企业之一，短短十几年，立足西南，并在华东、华中、华北、西北深度布局，构建了以"鲜战略"为核心价值的城市型乳企联合舰队。截至2020年年底，公司旗下有46家控股子公司、15个主要乳品品牌、16家乳制品加工厂，13个自有牧场，其中被农业部认定的"国家农业产业化重点龙头企业"3家，7家牧场取得良好农业规范认证（GAP），10家取得学生饮用奶奶源基地认证，3家取得有机牧场认证，4家取得优质乳工程示范牧场认证，奶牛总存栏数36 995头。新希望乳业致力于区域品牌的整合，打造中国鲜奶第一品牌。公司先后并购了多家优秀地方乳品品牌企业，用文化融合、机制创新、产品创新等手段，带领被整合企业走出低谷，实现振兴。同时，新希望乳业是"中国优质乳工程"的践行者，旗下昆明雪兰乳业、杭州双峰乳业、川乳公司、青岛琴牌乳业通过"中国优质乳工程"验证，同相关企业一道率先在业界建立行业新标准，有效推动了"中国优质乳工程"的开展。新希望乳业围绕"打造用户体验更优的鲜活营养生态链"这一战略目标，以高成长性和极具生命力的品牌价值，成为具有较强市场竞争力和可持续发展能力的创新型优势乳制品企业，用实际行动为消费者提供安全、优质、新鲜的好产品。新希望乳业现为中国奶业协会副理事长单位、中国乳制品工业协会副理事长单位、中国西部乳业发展协作会会长单位。

3. 新疆天润乳业股份有限公司

该公司成立于2002年，系兵团第十二师控股的上市公司，是国家农业产业化重点龙头企业、国家高新技术企业和科技创新百强企业，国家经济动员办公室西北地区（兵团）乳制品动员中心、中国奶业D20联盟成员单位，先后被授予全国文明单位、全国五一劳动奖状、新疆上市公司最具价值增长奖等殊荣。

公司坚持以乳业为基业，拥有权属企业15家，产业涵盖种植养殖、乳品加工和市场服务三大产业，被评为中国奶业20强企业联盟成员单位（中国奶业D20）和中国奶业脊梁企业，成为新疆乳品行业产销量最大的企业。公司拥有天润、盖瑞、佳丽等品牌，拥有天润科技、图木舒克唐王城乳品公司等三家乳品生产企业，为了持续地进行技术改造，公司引进德国、瑞典等世界先进的设备和技术，成为新疆首个智能化控制的生产企业，被评为全国乳品质量安全管理优秀企业。公司秉持创新发展理念，确立了领先低温、做强常温、突破乳饮的产品方针，以博士后工作站为平台，与国内外科研院校合作开展原始创新，发布新产品质量标准10个，荣获专利37个，形成了纯牛奶、乳饮、特色酸奶等系列产品，品种达68个，被评为新疆最具创新力的研发企业。公司确立了"围绕市场建工厂、围绕工厂建牧场"的产业发展方针，推进向南发展，促进兵地融合，目前已经拥有6家奶牛养殖企业、18个规模化牧场，奶牛养殖规模达到4.6万头，自有奶源达到70%。公司强化市场建设，发展传统渠道，建立电商平台，创新营销模式，疆内实现县级市场全覆盖，市场占有率达到40%，日产销量达到680多吨。先后在内地30个省市建立了市场网络体系，由区域乳企业成功跻身国内市场，成为全国奶业行业最具影响力品牌企业之一。

4. 新疆西域春乳业有限责任公司

新疆西域春乳业有限责任公司是中国乳业20强（D20）观察员企业，是新疆畜牧厅直属国营牧场呼图壁种牛场有限公司的全资公司。2005年6月成立，是新疆大型的乳制品专业生产企业，是新疆农业产业化龙头企业、中国学生饮用奶定点生产企业。公司生产"西域春"牌发酵乳、巴氏杀菌奶、灭菌奶、调制乳、乳粉、奶片及乳饮料6个系列产品。注册商标为"西域春"，日产乳品能力700吨。公司目前拥有规模化奶牛饲养场8个、良种奶牛25 000头，全部实现了规模化、标准化和现代化，日产优质鲜牛奶260～280吨，确保了西域春奶源的质量安全。西域春乳业公司依托新疆最大奶源基地新疆呼图壁种牛场，从源头的上游饲料种植、奶牛饲养到乳品生产加工，再到终端、专业售后服务各环节，形成了一条技术领先、营养全面、有机健康的乳品全产业链，确保了新鲜安全的奶源、优质的原料、先进的生产工艺和专业化的服务，这也为西域春乳业成功开启了一条全产业链的发展模式。公司生产的"西域春"系列乳制品凭借新鲜优质的原料、专业的品质、过硬的质量、优质的服务和良好的信誉享誉疆内外，持续获得监管部门的认可和消费者的信赖。1999年公司荣获第二届食品博览会金奖，2001年获得"新疆自治区质量检验所质量认定产品"称号和"消费者协会推荐产品"称号。2004年获得"自治区质量管理先进企业"和"新疆名牌产品"称号，"西域春"商标被自治区工商局认定为"新疆著名商标"。

5.新疆瑞源乳业有限公司

新疆瑞源乳业有限公司成立于2002年，经过二十年的发展，由10万元起家的一个校办小厂发展成为国家级农业产业化重点龙头企业、国家学生奶定点生产企业、高新技术企业、自治区产学研联合开发示范基地、两化融合示范企业、自治区扶贫龙头企业，科技创新型企业，也是新疆最大的干酪工业化生产企业。目前生产的主要产品为牛乳精深加工制品，有8大类40多个品种。企业通过产学研联合开发等科研形式，建立了从养殖→液态奶系列产品→奶酪产品→乳清酒→乳清醋饮并辅以产品研发的全产业链产业模式。目前拥有专利19项，其中发明专利10项（自治区发明专利一等奖1个）、实用新型专利2项、外观设计专利7项，55个注册商标，1个自治区级科技成果，3个自治州级科技成果，4个市级科技成果。核心技术覆盖饲草种植、奶牛标准化养殖、奶酪生产、乳清综合利用、乳清营养酒制备、乳清营养醋制备、坚果奶酪技术、特色酸奶加工技术等主要环节，成为国内乳品行业独具特色的产业链延伸最长、附加值最高的科技型、创新型企业之一。产品销售区域扩展到北京、上海、山东、江苏、四川等全国60%的区域。

6. 新疆南达乳业有限公司

2004年南达乳业有限公司成立，南达乳业以打造高端乳品为目标，主要产品有乳粉、灭菌乳、酸牛乳、巴氏杀菌乳等系列，共有17种单品，截至2020年南达自有品牌共有5大系列，分别是音苏提品牌系列、冰川牧场品牌系列、南达品牌系列、喀拉昆仑品牌系列和音苏盖提品牌系列。其中喀拉昆仑品牌系列主要生产果蔬饮料和矿泉水产品，音苏盖提品牌系列主要生产高端冰川水产品。南达乳业已通过ISO 9001质量管理体系、ISO 22000食品安全管理体系认证并有效运行。南达乳业是国家民委批准的民族特需品定点加工企业，并被自治区"学生饮用奶"领导协调小组批准为新疆"学生饮用奶"定点生产企业。南达高品质的产品不仅深受疆内顾客的青睐，在长江三角洲、珠江三角洲也打响了帕米尔高原原生态品牌。现以"南达""音苏提""昆仑雪""古兰尚品"等为主打品牌的乳制品和干果产品，已远销长江三角洲和珠江三角洲地区。

7. 新疆麦趣尔集团

新疆麦趣尔集团是新疆具有代表性的现代化食品加工企业，立足食品行业中高端领域，以乳制品制造和烘焙连锁为核心业态，并辅以节日食品、冷冻饮品、饮料、速冻米面食品等的研发与加工。1988年在新疆昌吉建立食品厂，2002年更名为新疆麦趣尔集团有限责任公司，经过多年经营与发展，公司下设乳业公司、食品公司、冰激凌公司、连锁经营公司和新疆副食（集团）五个子公司。主要产品有"麦趣尔"乳品、烘焙食品、冰激凌冷饮、速冻食品四大系列400多个品种。公司制订了"客户至上、品质为本、预防为主、确保安全"的质量方针，2007年公司是新疆地区第一家一次性通过ISO 9001质量管理体系、ISO 14001环境管理体系、ISO 22000食品安全管理体系认证的食品加工企业。目前通过国家级企业技术中心的建立，使企业质量保证能力及产品检测水平、检测项目更加全面，企业质量管理水平更具公信力。公司产品开发紧跟市场趋势，充分满足消费者对于"美味、健康、方便、愉悦"的消费诉求，通过市场和消费者体验驱动高品质新产品开发；公司主营产品多元化，覆盖乳制品、烘焙食品、冷冻食品等，可有效优化产品结构和产品组合，并通过烘焙连锁窗口，更好满足市场和消费者需求。麦趣尔品牌先后获得新疆乳业第一个"中国名牌""绿色食品""国家质量免检产品"等多项荣誉，塑造了绿色环保的公众形象。

三、新疆乳品企业品牌竞争力评价

（一）数据处理及计算结果

依据上文中的组合权重计算7家乳品企业的品牌竞争力总得分，27个指标经无量纲处理后的数据和总得分见表5-3，同时为了更为直观地反映各个乳品企业的品牌竞争力综合得分情况，本研究在现有得分的基础上对各个乳品企业的得分同时乘以100，将其变换成为百分制。

表5-3　乳品企业品牌竞争力综合得分

项目	天润	西域春	南达	瑞源	麦趣尔	伊利	新希望
企业品牌总数（D1）	0.009 7	0.000 0	0.000 0	0.000 0	0.000 0	0.000 0	0.072 6
销售人员总数（D2）	0.000 8	0.000 6	0.000 1	0.000 0	0.002 5	0.058 4	0.010 4
企业市场占有率（D3）	0.001 3	0.000 6	0.000 0	0.000 0	0.000 2	0.071 6	0.005 1

（续）

项目	天润	西域春	南达	瑞源	麦趣尔	伊利	新希望
总资产报酬率（D4）	0.010 3	0.005 2	0.001 3	0.004 9	0.000 0	0.007 3	0.016 3
净资产收益率（D5）	0.004 8	0.010 3	0.003 4	0.014 9	0.002 9	0.012 6	0.000 0
销售利润率（D6）	0.022 8	0.003 1	0.001 9	0.006 7	0.000 0	0.003 7	0.025 5
品牌定位能力（D7）	0.018 3	0.010 3	0.000 0	0.002 3	0.004 6	0.024 0	0.001 1
品牌传播能力（D8）	0.017 4	0.015 3	0.000 0	0.003 6	0.008 0	0.021 8	0.000 0
品牌运作能力（D9）	0.020 2	0.018 2	0.001 0	0.000 0	0.002 0	0.026 3	0.003 0
品牌个性（D10）	0.015 5	0.007 8	0.005 5	0.001 1	0.000 0	0.021 1	0.003 3
总资产增长率（D11）	0.009 3	0.008 1	0.000 9	0.000 0	0.002 8	0.003 8	0.026 7
利润增长率（D12）	0.004 8	0.006 1	0.000 0	0.005 2	0.002 7	0.005 0	0.011 4
主营业务收入增长率（D13）	0.001 7	0.005 8	0.013 5	0.011 7	0.011 2	0.000 0	0.006 2
奶源控制能力（D14）	0.009 0	0.008 8	0.005 1	0.004 0	0.000 0	0.008 8	0.006 1
总资产周转率（D15）	0.003 3	0.012 6	0.000 0	0.007 3	0.001 8	0.017 5	0.005 7
成本费用利润率（D16）	0.020 8	0.003 2	0.001 9	0.009 0	0.000 0	0.003 2	0.009 5
企业广告投放费用（D17）	0.000 0	0.000 0	0.000 0	0.000 0	0.000 0	0.085 9	0.001 0
企业研发投入（D18）	0.000 6	0.000 0	0.000 0	0.000 9	0.000 6	0.071 3	0.004 9
企业研发人员比例（D19）	0.000 0	0.006 7	0.014 2	0.031 8	0.004 7	0.000 3	0.001 7
企业专利数（D20）	0.001 1	0.000 0	0.000 5	0.000 5	0.000 5	0.078 1	0.000 9
企业文化比较优势（D21）	0.011 4	0.003 6	0.005 0	0.000 0	0.001 4	0.019 2	0.007 1
企业文化建设投入（D22）	0.011 9	0.002 0	0.003 0	0.000 0	0.005 0	0.019 9	0.006 0
企业家才能（D23）	0.016 3	0.001 4	0.001 4	0.002 7	0.000 0	0.028 6	0.010 9
职工学历构成（D24）	0.005 7	0.000 0	0.000 9	0.008 6	0.005 3	0.020 3	0.004 9
职工总人数（D25）	0.002 1	0.000 5	0.000 1	0.000 0	0.001 7	0.059 2	0.008 8
营业收入（D26）	0.001 2	0.000 5	0.000 0	0.000 0	0.000 5	0.070 9	0.005 0
企业资产总额（D27）	0.002 1	0.000 5	0.000 1	0.000 0	0.001 0	0.063 5	0.007 4
得分	0.222 5	0.131 0	0.060 1	0.115 3	0.059 6	0.802 3	0.261 7
百分制总得分	22.252 0	13.096 2	6.007 8	11.534 1	5.960 0	80.227 5	26.167 5
竞争力排名	3	4	6	5	7	1	2

数据来源：本研究计算所得。

（二）乳品企业品牌竞争力比较分析

1. 乳品企业品牌竞争力综合分析

为更清晰地反映研究结果，文中将7家乳品企业的品牌竞争力综合得分绘制成了如图5-1所示的乳品企业品牌竞争力评价综合得分图。总体来看，7家乳品企业品牌竞争力的综合得分排序依次为：伊利、新希望、天润、西域春、瑞源、南达和麦趣尔乳品企业。具体而言，伊利乳业的品牌竞争力综合评分最高，达到80.23，其品牌竞争力也最强，其次为新希望乳业，其品牌竞争力综合达26.17。而新疆5家乳品企业的品牌竞争力相对较弱，其中天润乳业作为新疆5家乳品企业中品牌竞争力综合评分最高的企业，其综合评分为22.25，其次是西域春乳业、瑞源乳业，二者的品牌竞争力综合评分分别是13.10、11.53，最后南达和麦趣尔乳业的品牌竞争力评分相对较低，其分值均在10以下，分别是6.01、5.96。因此，对于新疆的乳品企业而言，天润乳业作为近几年发展相对较好的企业，在产品品质及其种类上不断推陈出新，占据一定市场份额，该企业可以通过进一步的发展完善逐渐向区域品牌乳业新希望的方向发展，争取早日发展为区域性品牌，而西域春乳业则可以在现有基础设施建设、企业发展的基础上，不断突破，进行技术革新，以发展为全国区域性品牌为目标，引导企业向前发展。而对于瑞源、南达、麦趣尔这类南北疆的主要乳品企业则需要以新疆发展状况比较好的天润、西域春为标杆不断发展。同样研究中麦趣尔作为自治区大力扶持的乳品企业，其品牌竞争力相对较低，这与其暂时没有本企业的自有能源基地有很大关系，企业是否控制奶源在很大程度上反映了该企业是否能从源头上控制奶源质量，这对于企业生产的乳制品质量而言意义重大。据调查发现，麦趣尔企业已经意识到自有奶源的重要性，已于2021年开始建设自己的奶源基地，这对于今后麦趣尔乳业的发展具有重要的推动作用。

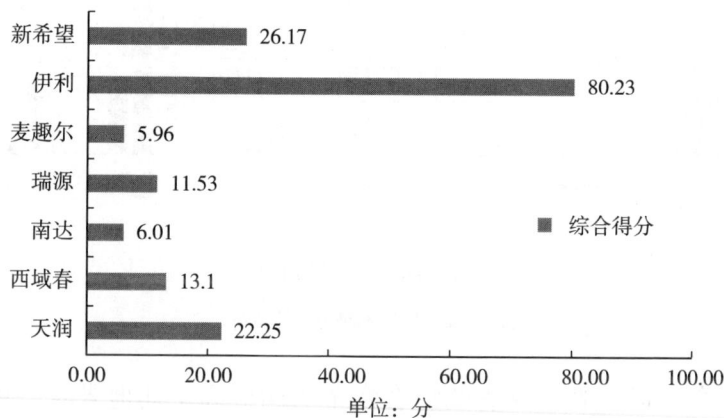

图5-1　乳品企业品牌竞争力评价综合得分

数据来源：依据无量纲数据分析整理所得。

2.乳品企业品牌竞争力分析

学界对乳业品牌竞争力评价大多通过乳品企业的品牌市场力、品牌管理能力和品牌基础能力三个指标来衡量，主要是从乳品企业的品牌市场占有份额、管理能力和基础能力三个层面出发，以反映乳品企业的品牌竞争力。研究中分析了伊利、新希望、天润、西域春、瑞源、南达和麦趣尔，共计7家乳品企业的品牌市场力、品牌管理能力和品牌基础能力，以探究乳品企业的品牌竞争力，其分析结果见图5-2。总体而言，不同乳品企业在品牌市场力、品牌管理能力及品牌基础能力方面均存在一定差异，同时对于各个乳品企业而言，其品牌市场力、品牌管理能力和品牌基础能力也各不相同。

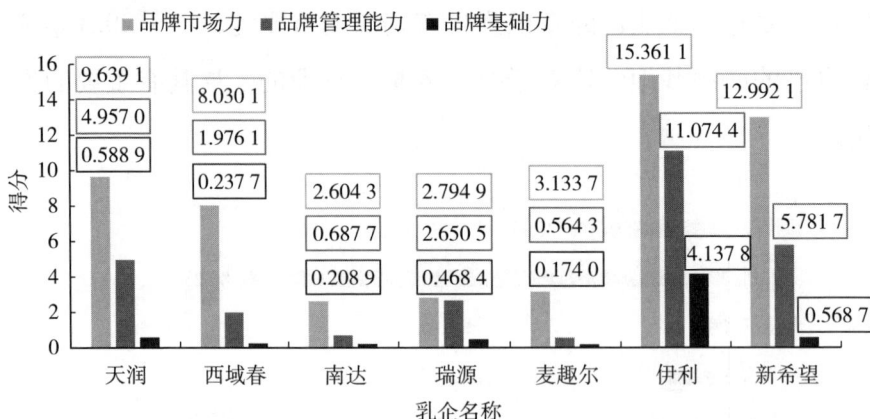

图 5-2　乳品企业品牌竞争力得分

数据来源：通过本研究计算所得。

（1）全国标杆乳企品牌的综合竞争力明显高于其他乳企　由图 5-2 可知，作为全国乳品企业的伊利，其品牌市场力、品牌管理能力和品牌基础能力的综合得分相对高，这三方面的得分分别为 15.361 1、11.074 4、4.137 8，可见伊利乳品企业的品牌竞争力较强。若将全国品牌乳企伊利乳业和区域乳企新希望乳业进行比较，伊利乳业无论是在品牌市场力、品牌管理能力，还是品牌基础能力方面的综合得分均要高于新希望乳业，这也再次证实了伊利乳业的品牌竞争力较强，新希望乳业虽然是区域品牌乳企，但相对于伊利乳业而言这三方面的综合得分较低，该企业在品牌管理能力和品牌基础能力方面有待提升。

（2）区域乳企在某些方面具有竞争优势　区域品牌乳业在品牌市场力、品牌管理能力和品牌基础能力某一方面的综合评分略高于部分新疆乳品企业。若将国内区域品牌乳企新希望乳业与新疆品牌乳企天润乳业进行比较，天润乳业的品牌市场能力的综合得分虽不及新希望乳业的综合得分，但是在品牌管理能力及品牌基础能力方面要略高于新希望乳业，具体情况见图5-2，即天润乳业在后期的发展过程中若注意提升品牌市场力，那么该企业很有可能会在未来的某一天也跻身国内区域品牌乳企。同样西域春乳业的品牌管理能力的综合评分也要高于新希望乳业的品牌管理能力综合得分，但品牌市场力和品牌基础能力相对薄弱。

（3）新疆不同乳品企业的品牌竞争力存在差异　新疆作为我国的牧区之一，奶业有了较大程度的发展，奶业市场上随之逐渐形成了多样化的乳业品牌，各乳业品牌不断发展完善，同时各乳品企业在品牌竞争力方面存在一定差异。总体来看，新疆乳品企业的品牌市场力、品牌管理能力和品牌基础能力的综合得分均较低（图5-2），可见新疆各乳业品牌的竞争力相对较弱，与全国品牌乳企、区域品牌乳企相比均存在一定差距，同时各个乳品企业之间也存在品牌竞争力的不同。如位于喀什地区的南达及北疆昌吉的麦趣尔乳业，它们在品牌市场力、品牌管理能力和品牌基础能力方面的综合评分都相对较低，与新疆地区品牌乳企天润乳业、西域春、瑞源乳业相比还存在差距，还有较大的发展空间。同时南、北疆品牌乳企之间在品牌市场力、品牌管理能力和品牌基础能力的综合得分也存在差异。若将位于北疆的西域春乳业与南疆库尔勒的瑞源乳业相比较，二者在品牌市场力、品牌管理能力和品牌基础能力得分上也存在一定差异，其中西域春乳业在品牌管理能力方面的综合得分明显高于瑞源乳业，而在品牌市场力和品牌基础能力方面则略低于瑞源乳业，由此可见，若瑞源乳业在今后的发展过程中注重提升品牌市场力和品牌基础能力，那么未来该企业的品牌竞争力与西域春之间将不断缩小。

（4）乳品企业的品牌市场力分析　乳品企业的品牌竞争力可以通过

品牌市场力来反映，研究中用市场占有能力和品牌盈利能力体现乳品企业的品牌市场力。由图5-3可知，全国乳业品牌伊利、区域乳业品牌新希望的市场占有能力得分高于其自身的品牌盈利能力，同时二者均高于新疆乳企，可见这两类乳企的市场占有率相对较高，在奶业市场上占有较大的份额，消费者对二者的熟悉程度也较高，品牌竞争力较强，拥有较为广阔的乳业市场。如伊利乳业其市场占有能力得分达到了13分，而新希望乳业，它的市场占有能力的综合评分为8.819 9分。同时，作为区域品牌的新希望乳业，其品牌盈利能力相对较高，可见该企业在品牌盈利方面具有较大的优势。此外，对于新疆乳企而言，其品牌盈利能力则要高于其市场占有能力，表明天润、西域春、瑞源、南达、麦趣尔乳业的市场占有率有待提升，虽然天润乳业近几年持续发展，产品销往国内市场，但由于运输距离及生产成本，其产品实际大多满足于本地及周边市场的需求，疆外市场仍需不断开拓。

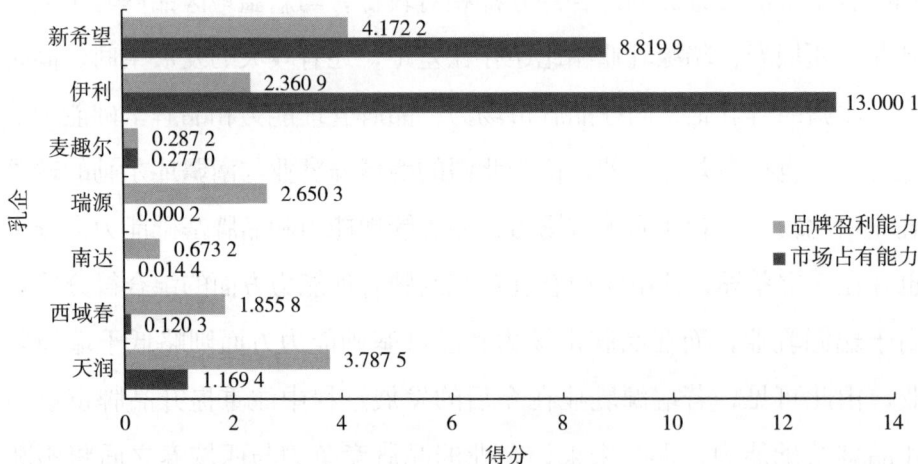

图5-3　乳品企业的品牌市场力得分

数据来源：通过本研究计算所得。

　　（5）乳品企业的品牌管理能力分析　乳品企业的品牌竞争力也可以通过乳企的品牌管理能力体现，本研究中通过品牌发展力和品牌形象力反映不同乳企的品牌管理能力，见图5-4。首先，全国乳业品牌伊利的品牌形象力较好，其综合评分达到9.317 5分。说明该乳品企业较为注重品牌形象建设，目前伊利已发展成为全球乳业第一阵营，蝉联亚洲乳业第一，是我国规模最大、产品品类最全的乳制品企业，拥有自己的奶源基地，尤其注重产品品质，懂得拓宽销售市场，壮大企业。其次，区域乳业品牌新希望乳业的品牌发展力相对较高，新希望乳业的总资产增长率和利润增长率得分相对较高，分别为0.026 7和0.011 4，说明新希望乳业的发展状况较好，也反映了该企业在品牌发展方面的优势。再次，对于新疆地方乳业品牌而言，天润乳业在品牌形象力方面综合得分较高，说明该企业的品牌形象力相对较好，目前天润乳业拥有46万头自有奶牛和18个规模化牧场，这对其解决奶源不足、品质不好的问题

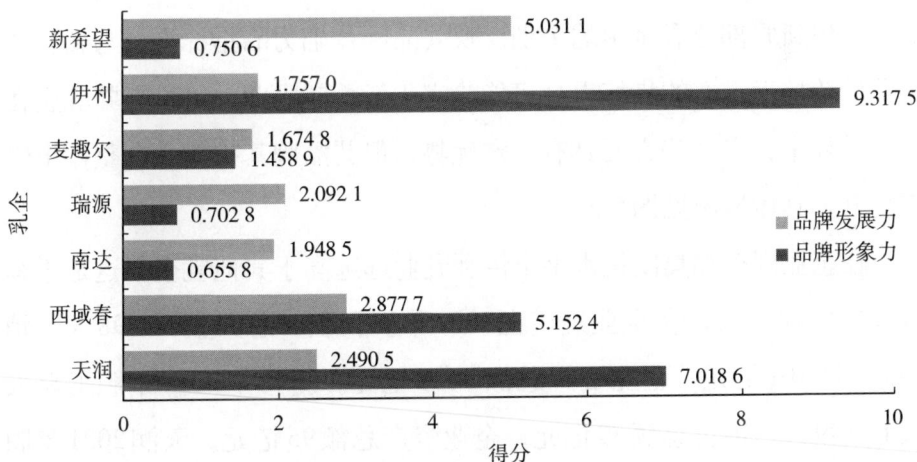

图5-4　乳品企业的品牌管理能力得分

数据来源：通过本研究计算所得。

有较大促进作用，同时天润乳业注重企业品牌形象，创新乳业产品品牌，以高品质的产品，别具一格的包装风格吸引了广大消费者，提升了营业利润，增强了企业竞争力；西域春乳业在品牌形象力和品牌发展力方面的综合得分较高，表明西域春乳业在注重品牌形象和品牌发展方面做出了较大努力，其成效较为显著；但南达、瑞源和麦趣尔乳业在品牌发展力和品牌形象力方面的得分相对较低，这些乳企在品牌管理能力方面有待提升。

（6）乳品企业的品牌基础能力分析　乳品企业的品牌竞争力还可以通过乳企的品牌基础能力体现，本研究中通过企业管理能力、技术创新能力、企业文化、企业家及人力资本能力，以及企业规模和集团化水平反映不同乳企的品牌基础能力。首先，从整体上个看，全国乳企伊利的品牌基础能力相对较好，无论是在企业管理、技术创新，还是企业文化、企业人力资本、企业规模等方面的得分均较高，表明伊利乳业的品牌基础能力较强。其次，区域品牌新希望乳业的基础力较好于新疆乳业品牌，但新疆部分乳企中的个别反映其品牌基础力的指标得分与新希望乳业较为接近，有的指标得分可能略高于新希望乳业，可见新疆乳企在发展过程中，在某些方面具有一定优势，但其品牌基础能力在整体上仍需提升，具体情况见图5-5。

在企业规模和集团化水平上伊利乳业远远高于其他乳企，这是不容争议的客观事实，在企业规模上2021年伊利职工总人数61 598人，销售总额1 101亿元，企业资产总额1 019亿元。新希望2021年职工总人数11 399人，销售总额89亿元，企业资产总额95亿元。天润2021年职工总人数2 391人，销售总额21亿元，企业资产总额34.72亿元。麦趣尔2021年职工总人数2 183人，乳业销售总额7.32亿元，企业资产总额

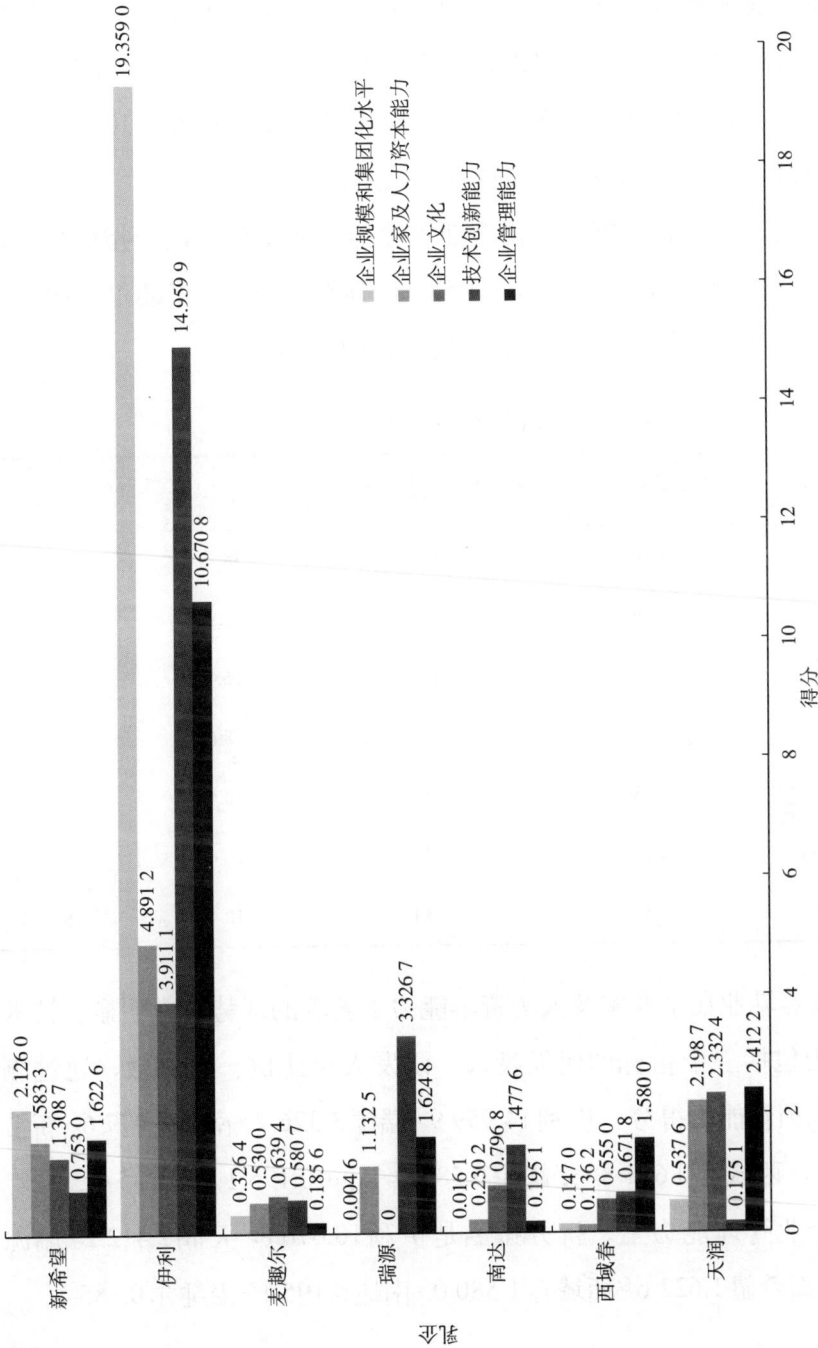

图 5-5　乳品企业品牌基础能力得分

数据来源：通过本研究计算所得。

15.5亿元。南达2021年职工总人数585人，乳业销售总额1.70亿元，企业资产总额4.12亿元。西域春2021年职工总人数624人，乳业销售总额8.64亿元，企业资产总额7.93亿元。瑞源2021年职工总人数136人，乳业销售总额2.4亿元，企业资产总额2.8亿元。

企业家及人力资本能力上由企业家才能和职工学历两个指标构成，伊利4.891 2＞天润2.198 7＞新希望1.583 3＞瑞源1.132 5＞麦趣尔0.530 0＞南达0.230 2＞西域春0.136 2。职工学历构成见表5-4。

表5-4　2021年7家乳企职工学历构成

企业名称	员工总数（人）	大学以上人数（人）	占比（%）	排名
伊利	61 589	23 408	38	1
新希望	11 399	1 471	12.9	5
天润	2 391	393	16.4	3
西域春	624	54	8.65	7
瑞源	136	28	20.6	2
麦趣尔	2 183	340	15.6	4
南达	585	59	10	6

西域春乳业在企业家及人力资本能力上表现的弱势非常明显。技术创新能力包括三个指标即研发投入、研发人员比例、专利数，通过测算，技术创新能力得分：伊利14.959 9＞瑞源3.326 7＞南达1.477 6＞新希望0.753 0＞西域春0.671 8＞麦趣尔0.580 7＞天润0.175 1。见表5-5。

在企业管理能力上，得分排名是伊利10.670 8＞天润2.412 2＞瑞源1.624 8＞新希望1.622 6＞西域春1.580 0＞南达0.195 1＞麦趣尔0.185 6。

表5-5　2021年7家乳企技术创新能力

企业名称	研发投入/占营业收入比	研发人员数/占总人数比	专利数
伊利	6.01亿元/0.55	461/0.75	3 109
新希望	9 079万元/1.01	146/1.28	34
天润	650万元/0.31	18/0.752 8	45
西域春	100万元/0.12	30/4.8	0
瑞源	732万元/0.34	28/20.6	21
麦趣尔	519万元/0.45	71/3.25	20
南达	120万元/0.56	23/3.93	20

3. 不同乳企的品牌竞争力分析

总体而言，不同乳品企业的品牌竞争力差异显著，其综合竞争力是多种因素共同作用的结果，同时各个指标在不同乳品企业中的得分也存在差异，由此也反映了各个乳品企业在不同方向的发展情况。

（1）全国品牌乳业的竞争力分析　整体上，全国品牌乳业的品牌竞争力较强，具有品牌优势。伊利乳业作为全国品牌乳业，其企业广告投放费用、企业专利数、企业市场占有率、企业研发投入和营业收入指标的得分相对其他指标而言较高，说明伊利乳业在发展的过程中不仅重视广告宣传提升企业的知名度，市场占有率也相对较高，还注重产品的开发与科研投入，形成了自己的专利，企业营业收入也不断提升。

（2）区域品牌乳业的竞争力分析　对于新希望乳业而言，职工总人数、企业资产总额、企业品牌总数、企业文化比较优势的得分比其他指标得分高，说明新希望乳业的企业规模和集团化水平发展相对较好，在市场占有能力方面具备一定优势，同时企业相对注重企业文化建设，但该企业在净资产收益率、品牌传播能力方面的得分较低，未来该企业在发展过程中需注意企业盈利能力的提升和注重企业品牌的传播。

（3）新疆地方品牌乳业的竞争力分析　总体上，新疆地方品牌乳业的各个评价指标得分存在差异。天润乳业，其销售利润率、成本费用利润率、品牌运作能力、职工总人数、企业资产总额指标的得分在2左右，说明该乳品企业在品牌盈利能力、企业管理能力、企业规模和集团化水平方面的发展较好，但企业研发人员比例、企业广告投放费用的得分较低，说明天润乳业在企业研发方面及企业宣传与推广方面仍需提升。

西域春乳业的品牌运作能力、品牌传播能力、企业家才能指标的得分高于其他指标的得分，说明西域春乳业在企业的品牌形象力方面、企业的管理方面发展相对较好，但企业品牌总数、企业研发投入、企业专利数、职工学历构成指标的得分相对较低，这也说明近几年，西域春乳业虽然有一定程度的发展，但企业市场占有率仍需提升，同时需注重提高其技术创新能力，需加强企业乳业产品的研究与开发、专利的申请。

瑞源乳业，仅企业研发人员比例、净资产收益率、主营业务收入增长率指标的得分超过1，其他指标的得分均小于1，说明该企业虽重视技术的研发，其品牌的盈利能力和发展能力虽比其他方面发展好一些，但得分仍然较低，同时企业品牌总数、销售人员总数、企业市场占有率、品牌运作能力、总资产增长率、企业文化比较优势、企业文化建设投入和职工人数指标的得分均较低，这些指标得分几乎为零，由此可见，该企业需要在加强市场竞争力、提高企业品牌运作、增强企业文化等方面不断努力。

南达乳业，仅企业研发人员比例、主营业务收入增长率指标的得分在1左右，其他指标得分均小于1，说明该企业虽然有注重技术的创新，企业虽有一定盈利，但是还存在较大的发展空间，尤其是在提升本企业的品牌形象力、企业的宣传和提高企业利润方面。

麦趣尔乳业，仅主营业务收入增长率指标的得分在1左右，其他指标的得分均较低，表明麦趣尔乳业虽有一定发展，但各方面需要提升的比较多。

本章依托课题组成员搜集的关于伊利、新希望、天润、西域春、瑞源、南达和麦趣尔乳品企业的数据资料和专家打分获取的相关资料，采用熵值法计算权重，并对7家乳品企业进行了乳品企业品牌竞争力的分析，得到以下结论：第一，伊利乳业的品牌竞争力最强，其次竞争力从大到小排序依次为：新希望、天润、西域春、瑞源、南达和麦趣尔乳品企业。第二，不同乳品企业在品牌市场力、品牌管理能力及品牌基础能力方面存在差异，同时各个乳品企业的品牌市场力、品牌管理能力和品牌基础能力也各不相同。第三，全国乳品企业的品牌市场力、品牌管理能力和品牌基础能力的综合得分高，乳品企业的品牌竞争力强；区域品牌乳业在品牌市场力、品牌管理能力和品牌基础能力某一方面的综合评分高于新疆乳品企业；同时，新疆品牌乳业的品牌市场力、品牌管理能力和品牌基础能力的综合得分均较低，其品牌竞争力相对较弱，与全国及区域品牌乳业相比存在差距。第四，不同乳品企业的品牌竞争力差异显著，其综合竞争力是多种因素共同作用的结果。

第六章 新疆乳品企业品牌竞争力提升的对策

新疆乳品企业品牌的核心竞争力整体上与伊利乳业差距很大。从全国的角度来看，竞争劣势很突出，综合表现为技术创新能力差，人力资源管理能力较弱，企业规模小，奶源和资本运作能力方面存在"拥挤"效应。从新疆乳品企业品牌核心竞争力的现状出发，迫切需要找到提升对策。为此，我们对实证研究结果进行分析，提出了新疆乳品企业品牌核心竞争力培育的方向和重点，以核心技术创新为关键、人力资源管理创新为前提、企业规模调整为重点、以奶源建设和资本运作能力的培养为保障，有的放矢地采取措施提升企业品牌核心竞争力。

一、提升乳品品牌发展的市场能力

（一）实行宏观规划，制订系统的乳业品牌战略

品牌是企业的象征，一个高美誉度、高信任度的品牌是企业永不枯竭的效益源泉。品牌及其所蕴含的深刻内涵已成为一个企业赖以生存、发展和扩张的生命之源。随着新疆乳业的不断发展，它对社会经济起到的作用越来越重，新疆应该把提高乳品企业品牌竞争力这一工程纳入新

疆经济和社会中长期发展计划之中，研究制订适应现代国内竞争的新疆乳品品牌发展战略，同时要建立相应的乳品企业品牌战略组织实施系统和监控系统，建立和完善品牌发展的激励机制。

(二) 营造良好的投融资环境

需要从两方面展开工作：第一，要改善投资环境，扩大招商引资，积极引进国内外资金、设备和先进技术，充分发挥新疆奶业的资源优势，加强合作，共图发展。第二，政府要重视产业化发展过程中的金融风险防范。重点关注龙头企业信贷业务风险，为企业技术创新提供资金保障的同时，适当加大农业信贷投入，建立奶牛保险机制和奶牛基金，化解奶农风险。

(三) 加强政策引导与扶持

新疆乳品企业品牌发展的市场前景广阔，但由于基础薄弱，至少从目前来讲，乳品企业品牌影响力均与国内乳品企业发达地区存在较大差距。因此，加大政府对乳品企业支持力度，建立完整的政策保护体系，完善相关法律与标准体系建设，为乳品企业品牌发展创造良好的环境条件十分必要。

1. 制订优惠政策，规划自治区奶产业集群

新疆乳业要大力发展产业集群的优势，积极进行乳业区域公共品牌建设，塑造富有新疆特色的乳品区域品牌形象，扩大新疆乳制品品牌的集群效应，以提升新疆乳制品整体的国内外市场发展进程，要从自治区层面强化政策引导与扶持力度，进一步明确新疆奶业发展定位，规划重点发展区域，全疆一盘棋，整合资源，聚力重推，集中突破，分区域、

分类型重点打造如下奶业优势产业集群。

（1）天山北坡奶产业集群　以乌鲁木齐、昌吉州、克拉玛依为中心，打造荷斯坦高产牛养殖和乳制品加工优势产业集群（包括哈密、石河子、奎屯等六地市）天山北坡地区，该区域乳品消费市场大、加工能力强、牛群质量高。对上述地区，以养殖小区、奶牛场和专业村为主，建立高产奶牛示范项目区，以发展现代化养牛业和以城带乡为主攻方向，通过建设和完善大规模、高水平养殖体系与龙头加工业相匹配，并通过产、供、加、销一体化的办法，加快城乡融合，带动区域经济的协调发展。

（2）伊犁地区奶产业集群　伊犁州新疆褐牛养殖与草原特色有机乳制品家庭牧场（合作社）加工产业集群（包括伊犁河谷、塔城地区、阿勒泰地区），该片区有大量的乳肉兼用褐牛，有着发展草原型乳业的良好条件，奶业增长潜力巨大。但受草原散牧、季节产奶的影响，原料奶的收购比较困难，质量指标偏低，在该区建立高产乳肉兼用褐牛产奶示范区，促进牧区草原型乳业快速发展，打造草原特色有机乳制品家庭牧场（合作社）加工产业集群。

（3）天山南坡奶产业集群　以库尔勒市周边、焉耆县，以及阿克苏地区为主包括南疆三地州一线，这些地区的奶牛品质较高，饲养技术水平较低，与首府城市和内地省份较远，而与饮奶量大的国家或地区接壤，因此把该地区建成外向型的奶业基地，建立若干高产奶牛示范区，将带动奶牛业向前发展。

2.优化市场结构、合理布局乳品加工企业

新疆乳制品企业经济实力、技术装备水平、企业规模均不能同国内一些知名企业相比，并且生产技术上也存在着较大的差距。政府应加快

乳品企业的结构调整与资产重组，鼓励新疆乳品企业联合发展，鼓励和支持优势企业通过资产重组、兼并收购，强强联合，实现资产、品牌、经营的整合，扩大企业经营规模，形成大型乳企集团。大型企业集团的产生可以降低企业间的无序竞争，小企业之间的联合或者稍大企业并购稍小企业都可以催生大型企业集团，从而提高整个市场的集中度，维护市场竞争秩序，防止过度竞争，并且大型企业集团可以享受规模经济带来的好处。首先，乳制品企业规模的扩大可以使企业的生产成本得到降低；其次，大型的乳制品企业可以与上下游企业间形成更为紧密的分工协作关系，分工协作的细化会使生产专业化程度提高，不仅节约生产成本，而且还能提高生产效率，从而进一步提升区域乳制品产业的竞争力。

乳品加工企业的布局要与奶源生产基地的布局相衔接，按照奶源基地与市场的远近，重点扶持培育1～2家面向全国或跨区域市场的大型乳品企业集团，同时培育3～5家区域优势企业，形成以大型企业集团为主体、中小企业为补充的产业集群发展格局。

（1）以西域春乳业改制为契机，加大政府协调、指导和服务力度，整合优势资源，将伊犁州、克拉玛依、奎屯、昌吉州、哈密等地的中小乳企进行联合、并购，打造新疆地方乳业集团，重点发展以低温鲜奶、常温液态奶、工业奶粉、冰激凌为主，奶酪、干酪素和特色乳制品为辅的乳品加工企业，产品面向乌鲁木齐等大中型城市和内地城市。

（2）以天润乳业为核心整合南北疆兵团系统乳企的乳业集团公司，重点发展低温酸奶、低温鲜奶、配方奶粉、乳饮料为主的加工企业。

（3）以库尔勒的瑞源乳业或喀什的南达乳业为重点，培育1～2家以常温液态奶、低温鲜奶、冰激凌、奶酪、干酪素和特色乳制品为重点的乳品加工企业，一方面突出开发适合农村消费的乳制品，如常温液态奶、低温鲜奶、冰激凌等特色乳制品，凭借本土乳制品企业对市场更深的了解，优化本土的整个供销链条，降本增效，开拓县、乡、镇一级市场，真正把本土品牌的优势发挥到极致。另一方面开发奶酪、干酪素等特色产品，利用区位优势面向中亚市场。

3.组织实施品牌整合战略

品牌整合是近年来出现的一种新的品牌管理方法，是指为了保持和发展竞争优势，把品牌管理的重点放在建立旗帜品牌上，明确旗帜品牌与其他品牌的关系，使品牌家族成员能够相互支持，在此基础上形成有区域影响力和竞争力的品牌，提高企业和地区的社会经济效益。从新疆乳品企业的发展现状来看，可以形成地方和兵团两大乳业品牌整合思路，一是以西域春为旗帜品牌，整合伊犁州、昌吉州、克拉玛依、巴州、喀什、哈密等地乳企的区域品牌，以西域春为主品牌，以整合企业的原品牌为副品牌，形成"西域春+"的新疆品牌；二是以天润为旗帜品牌，整合兵团系统包括花园（西部牧业）、西部天山、新农、天山云牧、我从伊犁来等区域品牌，形成"天润+"的品牌。这种品牌整合可以借鉴新希望乳业的整合思路，由一个主品牌（旗帜品牌）和众多副品牌组成，主要是指在跨地域的不同企业间，通过对生产、经营条件和特征相似，产品属于同一种类的不同品牌的融合，以一个企业名称或一个品牌为中心，使其他企业或品牌向其集中、合并，形成名称如"西域春+、天润+"的统一品牌，以实现单个企业无法独自实现的规模经济效应，又保证了不同地区企业的独特优势和独特的地域风格，打造地域性的乳制品品牌。

（四）提升奶业品牌的信息化、智能化水平

在数字成为日益重要的生产要素的时代，推进奶业品牌信息化、智能化是新疆奶业现代化的必然要求。一方面，物联网、云计算和人工智能等技术的发展与应用使得牛场和牛只信息的采集、分析和应用更加智能、精准、高效，数字已成为提高管理精度、管理效率和指导生产经营决策的重要元素。另一方面，通过数字将营养、繁育、疫病管理等奶业产业的各个环节紧密衔接，能够实现产业技术体系的协同，加快品种改良等各方面的技术进步速度。为推进奶业信息化、智能化，首先要支持牧场信息化、智能化装备与技术的研发。重点推进大数据可视化云平台、牧场数据智能分析与决策系统、牧场生产管理系统、精准饲喂管理系统、智能识别管理系统、发情与行为监测系统等信息化发展。其次要建立覆盖个体管理、群体管理、繁殖管理、精准饲喂管理、健康管理和产奶管理等各个环节的数据采集的统一标准。通过标准便利数据互换，促进牧场内部与牧场之间的信息整合与共享，打破"信息孤岛"和数据垄断。最后要重点支持以信息化、智能化为重点的社会化服务的发展。发展专业化牧场信息服务企业、技术团队和顾问，基于牧场生产管理逻辑、奶牛养殖科学和人工智能算法等开展大数据分析服务和牧场决策支持。

二、加强新疆乳品企业品牌的管理能力

乳业作为近几年迅猛发展的新兴产业之一，被社会公认为"朝阳"

产业，甚至有人称这是个"白色时代"。因此，各乳品企业从现在到未来相当一段时间内都将面临激烈的市场竞争，而品牌将是这场竞争中最有效的利器。乳品企业的品牌经营是一种审时度势的战略选择，是一项长期的、持续发展的工作，这就需要乳品企业的品牌管理者针对不断变化的市场环境，根据企业品牌的成长阶段，结合企业在品牌资产各构建维度上的表现，及时制订有效的品牌经营策略，同时注重整合现有及潜在的资源优势，使企业品牌资产得到不断的巩固和提升。

在进入品牌竞争时期的新疆乳品市场，企业只有加强品牌经营管理才能形成有差异化的核心竞争力。品牌管理能力是品牌竞争力的关键，品牌基础能力的不断提升能够有效地降低企业的生产成本、提高企业的核心竞争力，而品牌管理能力的加强又能够提高品牌在市场中的知名度、美誉度、偏好度及忠诚度。

（一）给企业的不同产品以明确的品牌定位

所谓"定位"，就是使产品在未来潜在的顾客心中，或者说是为产品在消费者的心中找出一个位置。这个位置一旦确立起来，就会使消费者在需要解决某一特定消费问题时，首先考虑某一品牌的产品。从一定意义上来说，品牌定位要首先了解市场受众的需求是什么，以消费者为中心，对产品的品牌进行明确的定位策略，有的放矢，以差异化的产品和品牌来吸引不同的消费者，才能推动品牌健康、持续发展。对于新疆的乳企来说，不同的企业、不同的产品要有不同的品牌定位。

1. 针对地域的品牌定位

新疆乳业品牌依托地域优势，在新疆市场获得了大致好评。因此，"源自新疆"的品牌定位成为现今新疆乳业品牌最主要的品牌定位及品牌形象塑造方式。其定位出发点就是走绿色生态发展之路，主要是从新疆的自然环境出发，讲述新疆故事，讲述新疆优良的草原资源、优质的畜种资源和异域的文化特色。新疆乳业应充分挖掘区域民族特色文化，丰富新疆乳制品品牌文化内涵，同时要积极申请国家地理标志产品认证，提升新疆乳制品品牌含金量，重点将品牌定位的落脚点放在区域优势、绿色生态优势、品质优势上，体现在"绿色、新鲜、纯天然"上，能够加深消费者对原产地形象的认可，从而信赖产品质量，并且认可品牌的价值。最近的网红产品"我从伊犁来"就是地域品牌定位的典范，这个由国有独资企业——伊犁伊牧欣乳业有限公司（以下简称"伊牧欣乳业"）倾力打造的新锐品牌，凭借着伊犁河谷黄金奶源、36小时草原速递，以及超高辨识度的包装视觉设计，一上市就迅速吸引了众多经销商和消费者的关注。

2. 针对消费群体的品牌定位

对侧重于追求高品质生活的消费者，其需要的产品以注重养生、注重健康，关心食品营养为主，这类消费者年龄略微偏大且有一定经济实力，产品可定位为高端品牌，体现"绿色、营养、天然、品质"的特征，像有机奶、巴氏奶等都可朝这个方向定位；对侧重追求时尚快捷生活的消费者，其需要的产品以口味多样、不断创新、健康营养为主，这类消费者多为年轻人，产品可定位为中端品牌，体现"创新、活力、性价比、品味"的特征，像果味酸奶、高温液态奶可朝这个方向定位；对侧重功能需求的消费者，其需要的产品是满足某一方面的需求，如高钙奶、无乳糖牛奶、零蔗糖酸奶、水果口味牛奶、降血糖降血脂酸奶、抗氧化抗疲劳酸奶、免疫酸奶、美容酸奶等产品，每个年龄阶段不同需要的消费者都有，这类产品可定位为：助消化、补钙、乳糖耐受、零负担、美容、减脂等特性，体现"温馨、陪伴、天然、创新、养生、健康、安全"的特征。

3.针对产品的品牌定位

众所周知，新疆的奶品质好，但新疆的低温鲜奶却发展得很滞后。随着消费需求的变化，以新鲜、营养、健康为理念的低温乳品越来越受到人们的关注，数据显示，2015—2020年，低温鲜奶年复合增长率达10%，与之相比，常温奶仅3%。低温鲜奶将是未来主要的发展方向。新疆的乳企应利用自身好奶的优势，将有限的成本投入更有发展前景的产品和更有潜力的市场，大力发展低温鲜奶，趁蒙牛、伊利两大巨头还没有全面进入低温奶市场前抢占市场份额。以西域春为旗帜品牌，整合伊犁州、昌吉州、克拉玛依、哈密等地乳企的区域品牌就可以将主打品牌定位成低温鲜奶，强调品牌的新鲜、健康与全方面保护消化系统的特性。因为这一区域属于天山北坡奶产业集群区，奶源地距离北疆各大城市市场距离近，这样既可以极大程度地保存鲜奶的活性与口感，也对企业未来的鲜奶产业的发展具有一定的推进作用。以低温鲜奶做定位，这就要求企业一是在技术上要有突破。低温鲜奶（巴氏奶）从生产完成到消费前需全程冷链配送，产品保质期较短，一般为7天以内。目前市场上已有光明的"优倍"、新希望的"新鲜24小时"系列，要掌握75℃巴氏消毒技术，让24小时鲜奶达到10倍免疫球蛋白的营养新高度。二是要将消费者定位于新中产，就是对健康有一定需求的，并有一定收入基础，人际圈子比较稳定，对生活品质要求较高的人群。产品属于中高档产品。三是建立自有的品牌订购平台。低温鲜奶需要冷链技术的支持，除了依靠本地的线下分销渠道给有冷柜的大、中、小商超铺货以外，还可通过微信服务号、京东平台、美团、多多等平台订购，同时还要建立独立的自身品牌订购平台App。如光明乳业于2015年正式上线光明随心订App软件，消费者可以在此款软件上订购光明全线奶制品，对于保质期较短的巴氏鲜奶来说，这种精准的订购可以减少产品在其他线下渠道的废弃率，增加消费者获得产品的便利程度，在这种自身品牌搭建的软件平台上更便于企业全面整合不同职能部门的端口，以实现更精确的数字化营销，以此在产品保鲜的约束条件下提高货物匹配度，降低废弃成本。

（二）整合传播策略，强化消费者品牌意识

乳品企业应该全方位开展宣传，完善品牌传播，形成乳品企业的品牌。

1. 广告是塑造和提升品牌最有效的捷径

在问卷调查中，绝大多数的被调查者都是通过各种广告认知乳业品牌的，广告的效益非常明显，但是在调研中我们发现新疆的乳制品企业在品牌宣传的广告投入上都不高，一方面囿于资金限制，另一方面是意识问题。因为乳制品企业奶源品质地域性很强，新疆的乳制品企业普遍认为有好的奶源，只要产品做得好，即使不做宣传消费者也认可，企业的产品也不愁卖，因此往往对于营销宣传不太关注，所采用的方式也相对传统，例如，展销会、超市大促销、当地政府举办活动的赞助或冠名，这与蒙牛、伊利等国内的强势乳业品牌在品牌定位和整体营销中采用的营销思想和宣传方式，如明星形象代言，对体育赛事、娱乐节目进行冠名，今日头条等平台新闻营销，视频营销推广等有很大差距。新疆乳制品企业也要多运用互联网＋、微信、抖音、快手等平台对自己的产品进行宣传。在制作广告时，应针对目标市场的需求，突出自身奶产品

的特殊优势，使广告诉求符合目标市场消费者的心理需要，达到较好的广告效果。如瑞缘牛奶的"来自天鹅湖畔的问候""妈妈的味道"都曾令人耳目一新，但一味地简单重复，也就难免乏味了。与此相比，伊利的"我是喝奶专家"的电视广告声情并茂，更重要的是，伊利、蒙牛、光明等国内乳业巨头的优秀广告能不断翻新，足见大企业的匠心所在。

2.公共关系营销是品牌传播的高级方式

公共关系营销的核心是赢得顾客忠诚，维系顾客。顾客的需求是市场存在的基础，能够创造性地主动满足顾客需求的企业是不可战胜的。市场调查表明，在产品介绍的各种方式中，60%以上的顾客比较信赖朋友介绍。因此，顾客的口碑在小范围内是最好的广告。另外，随着乳品市场竞争的激烈，乳品同质化的步伐加快，价格竞争的空间越来越小，服务已成为乳品企业新的竞争手段。乳品企业为了取得新优势，就必须以"客户"为中心，通过服务来提升"客户"满意度及企业诚信度。世界乳品巨头在这方面绝对是我们的老师。洋奶粉给消费者较多的指导和增值服务，在公共关系营销方面更具人情味和知识性。雀巢、美赞臣充分利用包装设计，外包装上除了国产奶粉有的内容如营养成分含量表、生产日期、厂址等外，还有喂哺、奶具消毒及调奶方法、营养学资料、营养学专家的各种建议和指导等。国外品牌成功地占领中国的高中档奶粉市场是与这些为顾客着想的细微之处分不开的。

3.线上线下全渠道融合传播是品牌传播的新趋势

当下，线上渠道、线下渠道融合发展已经成为品牌传播的新趋势，人们通过统一的平台可以实时了解线上、线下的营销数据，乳品行业通过整合这两种渠道，可以为企业发展找到新引擎和新动力。线上渠道和线下渠道必须通过整合，使二者互通互利，互相补充，并融合成为全场景的渠道。通过全渠道的融合，可以提升企业渠道渗透力和渠道扩张速度，从而带动企业销售规模的增长，促进品牌更好地进行传播。新疆乳企应搭建乳制品配送信息化平台，将乳制品加工企业、流通企业、电商企业进行有效融合对接，为乳制品流通便捷化提供便利条件，扩大新疆乳制品流通范围，降低流通成本，以达到提升新疆乳企效益的目的。同时利用多种平台如小红书、知乎、抖音等，以个人"种草"的模式扩大市场，整合丰富的线上线下资源，重点依托天猫、苏宁易购、京东、网易严选和美团等国内大型电商平台开展线上销售业务，以最大限度提升新疆乳制品的销售和推广。

伊利乳业2015年就开始对线上、线下渠道进行整合，迎合渠道发展的大趋势，通过相关资源的整合，迅速占据了电商平台、无人便利店、母婴专卖店等市场空白。伊利旗下品牌安慕希在借助伊利全国营销渠道的同时，与市场上新零售店如京东、苏宁易购、天猫等进行深度融合。在传统渠道上，安慕希也展开布局，迅速锁定潜在的消费群体。线上、线下的全渠道品牌传播营销，不仅提升了安慕希的市场销售量，同时也为消费者提供了全新的消费体验。

乳企在品牌营销的过程中，首先要重视渠道对于品牌的推动作用，不仅要开展线上营销，而且仍要关注线下平台的拓展，多渠道、多平台的融合发展，这是品牌传播营销的关键；其次要拓展鲜奶类、奶酪类等相关生鲜品类，借助新零售发展的机遇，实现平台的深度融合，从而拓宽销售渠道。目前新疆现有的传统乳制品销售渠道主要有大型商超、周边超市和小卖店，主要适合销售软包和利乐包装的常温奶，有制冷设备的也有少量瓶装或袋装巴氏奶的销售，专用销售渠道很少，企业可以加快建立和完善如社区奶站形式的专用销售渠道，重点销售巴氏鲜奶和低温酸奶，建立社区订奶渠道，订奶服务要体现品质新鲜、配送快捷、收取方便。

（三）加强乳品企业品牌市场运营能力

品牌运营包括品牌的发展、宣传、保护、增值等全过程，只有自始至终把这一系统工程搞好了，才能不断地提高品牌的含金量。良好的品牌经营要求企业了解并维护品牌的核心价值，对品牌要进行客观细分和理性延伸，巧妙地利用品牌联动策略巩固品牌的知名度，加强影响力并及时进行品牌危机公关，加强品牌危机管理。品牌的知名度及美誉度不是一朝一夕就能建立起来的，好不容易打造好的品牌还要保护好、管理好，防止本企业的品牌被假冒和侵占。所以企业应增强品牌保护管理和经营意识，并把这一意识融于员工的自觉行动中，作用于产品生产经营的全过程。

1. 塑造与强化品牌个性

新疆乳业品牌现阶段都处于品牌个性相似、产品形象趋同、缺乏差异化、看不出多大差别的地步。模糊的产品形象是新疆乳业品牌定位最为薄弱的一点。天润品牌正是发现了这一点，在疆内市场与西域春、麦趣尔等品牌形成个性上的差异，通过不断创新的方式，在产品功能人性化、包装个性化、命名趣味化方面给自己的品牌塑造出了"欢乐""积极"的品牌个性。使消费者从内心开始对新疆乳业品牌进行辨别和对比，对天润品牌形成了新的想法和印象，用"试试看"的心态去尝试天润品牌产品，之后因为其质感和口感陷入其中。天润品牌推动了整个新疆乳业市场原来死气沉沉的状态，将充满活力的乳业品牌形象注入了消费者的头脑中。

新疆其他乳业品牌要厘清目标方向，清楚自己要成为怎样的品牌、为怎样的消费者消费、在怎样的市场中形成竞争优势、在同一个市场里本品牌与哪些品牌是竞争对手、怎样才能够与这些品牌形成差异、怎样发展本品牌自身的优势。当这些问题解决之后，新疆乳业品牌就会拥有自己的品牌个性，这种差异不只是产品外包装、口味的区别，而是品牌产品、服务、营销、广告宣传，以及品牌理念的差异性。以乌鲁木齐市场为例，天润、西域春、蒙牛、伊利、花园、麦趣尔、盖瑞、瑞缘等品牌无论是在产品的种类上、品质上，还是包装上、特色上都具有很高的同质性，消费者很容易找到替代品。对企业来说，产品的独特性是企业核心竞争力的关键，新疆的乳业品牌应该在产品差异化上下功夫。现阶段新疆乳业品牌的产品多以外包装的多变和概念新颖吸引年轻人的注意，而忽视了老年、幼儿消费者对乳制品的刚性需求，还未生产出适用于老年消费者的高钙牛奶和适于幼儿消费者的儿童营养牛奶。每个乳企应该根据自身的定位和优势进行产品的差异化生产。如西域春可以凭借自有奶源新鲜、绿色、无污染的优势重点发展巴氏奶；天润乳业可以凭借爱克林的独家包装优势加快酸奶产品研发，不断满足年轻人喜爱刺激新鲜的事物需求；瑞缘乳业可以针对新疆市场产品单一的现象利用自身科技优势研发乳制品的附加产品，如乳酪、乳清粉、乳清酒等。

2. 利用大数据平台突出品牌个性化服务

企业可以借助并运用大数据平台，将线上线下服务进行高效对接，针对不同消费者，突出乳业品牌个性，追求服务的极致性。真正意义上建立服务热线和客户信息跟踪系统，帮助消费者解决网上购买过程可能出现的一系列问题，构建消费者档案，建立包含使用过程讲解，售后追踪满意度回访等全方位、立体化的服务体系。在线上，买卖双方通过大数据平台可以进行有效的沟通。消费者可以对所消费的产品或者所需要提供的服务进行个性化定制，对于乳制品的包装、配送时间等均可以通过大数据平台与商家进行协调沟通，同时也可根据客户在不同场景下的营养及健康需求，制订针对性的方案，借助于大数据平台数据分析，可以有计划、有目标地向企业的目标消费群进行广告投放，提高顾客对品牌满意度的同时，商家可以对每位消费者消费习惯数据的记录进行分析，更多地了解每位消费者的喜好，为消费者推荐并提供与之更为匹配的乳制品。

3. 重视品牌保护

一些冒牌产品、假劣乳品在市场中交易，淡化了企业的品牌形象。对于企业苦心经营起来的品牌，无疑降低了它的价值。另外，随着越来越多的模仿竞争者的出现，淡化了企业品牌在消费者心目中的地位。企业要维护自身品牌价值，一方面要在品牌战略规划之初，申请知识专有权，以便在遭受损失时寻求法律保护；另一方面在市场上出现追随者时，既要不放弃老产品，抓好老产品的二次、三次开发，又要开发新产品，以新的形象带动新一轮的市场竞争。乳品企业切不可忽视品牌保护，否则品牌经营的经济利益将无法体现，也就会丧失了品牌经营的强大动力。

4. 注重品牌延伸

品牌延伸是利用消费者对现有成功品牌的信赖和忠诚，推动二级品牌或副品牌产品的销售。一般来说，品牌延伸能够节约品牌设计和推广的费用，有助于新产品打开销路和扩大品牌影响力等。蒙牛乳业、伊利集团和光明乳业均采用品牌延伸战略进行市场营销。其中，蒙牛和伊利是最成功的实践典范，它们在成功地完成了"蒙牛""伊利"同一品牌建设并确立了其市场地位、市场占有率、品牌忠诚度后，适时地推出了二级、三级和副品牌，实现了产品和品牌的有效扩张。新疆乳企在重组整合后可采用品牌延伸策略，以在市场上被认可的成功品牌为主品牌，以被兼并、被重组的小品牌为二级、三级或副品牌，也可用于企业生产的不同种类产品上，如瑞源乳业在"瑞缘"统一品牌下二级品牌组合有"妈妈的味道"液态奶系列、"铁木真的干粮"奶疙瘩系列、"天山金露"乳清酒系列、瑞缘乳清醋饮系列、牛牛哥坚果奶酪系列、娇女面食系列等多品牌，不仅能占有不同的市场空间，因每个品牌的诉求定位不同，品牌之间功能、个性差别会吸引不同需求和品味的用户，而且每个品牌都有自己的发展空间，不会发生市场重叠。

三、加强新疆乳品企业品牌发展的基础能力

品牌的基础能力是品牌竞争力的基础，由企业管理能力、技术创新能力、人力资源能力及企业文化组成。科学、健全、完善的管理制度是保证品牌管理工作计划得以完成、命令得以执行、控制得以实施的根本保证。只有不断创新技术、企业才能不断满足顾客的需求，不断创造品牌让渡价值，并长期保持一定市场份额和获利能力，企业的技术创新带来的绩效不仅在企业本身，对整个行业都会产生积极影响。企业文化是企业全体职工的共同行为模式，并在广泛的范围内影响着技术创新的价值选择和行为准则。通过企业文化建设，促进员工对企业共同价值观的

认同，从而促进企业深化改革，保证企业技术创新的精神基础。

（一）以核心技术为突破，提升品牌竞争力

纵观国际乳业市场竞争的演变趋势，市场竞争正在由价格战、广告战等单一形式的竞争向提升产品技术含量和附加值的高层次竞争转变。没有一流的技术，就没有一流的产品，就没有一流的竞争力。同时，企业的竞争力最终取决于企业的创新能力。与成熟乳品市场相比，新疆乳品的种类不多，在功能性产品、乳品的精深加工、益生菌在乳品的应用等方面开发力度还不够，各种风味奶、功能奶的市场前景广阔。打造新疆纯天然、无污染、高品质的乳品名牌，不能采取跟随定位的策略，在产品上应有所差异性，要加强产品的深度开发。

1. 研制出适合儿童、青年、中年人、老年人口味的品牌产品

对消费市场进行细分，开发针对不同人群、不同消费习惯和消费方式的产品，实现产品的差异化。①研制功能性酸奶，如降血糖、血脂酸奶，抗氧化、疲劳酸奶，免疫酸奶，美容酸奶，以及具有新疆特色的杏仁酸奶、巴旦木酸奶、无花果酸奶、雪莲酸奶、枸杞酸奶等。②奶粉是新疆传统乳品，但目前大多数厂家只能生产工业淡奶粉、加糖奶粉等低档产品。配方奶粉市场几乎全部被进口奶粉和国内知名品牌占领。应抓紧时机引进先进的加工设备和生产工艺，生产具有新疆特色的配方奶粉，既可满足本区市场的需要，又可远销内地乃至周边国家。③干酪和乳清，发展干酪生产，既可适应国内市场日益增长的对干酪的需求，又可满足疆内具有食用干酪习惯的人群对于高档干酪产品的需要，同时，也为新疆乳品赶超国内先进水平提供一个平台。

2. 开发出一批具有新疆特色的纯天然、优质的新型乳品，提高品牌的档次和竞争力

①有机奶在绿色食品基地基础上，建立有机农业生产基地和有机奶生产体系，推出有机奶和有机乳品。②牛初乳品。牛初乳富含免疫球蛋白和多种生物活性成分，是21世纪的保健食品。新疆天润乳业生物制品股份有限公司是国内唯一同时拥有初乳冷冻干燥生产线和超滤浓缩－低温喷雾干燥生产线及工艺技术的专业化公司，产品质量和科技水平居国内领先地位。可充分利用牛初乳的资源优势和现代化生产设备、先进的工艺技术，加大科技投入、产品开发和广告宣传力度，创造良好的经济效益，尽快把初乳产业做强做大。③通过在新鲜牛奶中添加多种维生素、微量元素和其他营养配料，以增加牛奶的营养成分。④新鲜牛奶中添加咖啡、可可或者各种果汁及食用香精等原料，可改变牛奶的风味和外观。⑤通过浓缩或添加稀奶油、浓缩乳蛋白，提高产品中脂肪或蛋白的含量，使得产品营养物质更丰富，口感更香浓。

3. 可以对多种奶源进行开发，如羊奶、马奶、骆驼奶等

马、驴、骆驼等家畜的乳汁不仅营养丰富，较牛奶有过之而无不及，且含有某些特征的功能性成分，具有一定的保健作用。①马奶乳脂球小，比牛奶脂肪含量低，但其质量却优于牛奶，不饱和脂肪酸和低分子脂肪酸含量比牛乳高4～5倍，马奶的酪蛋白含量低，牛奶中酪蛋白和可溶性蛋白之比为7：1，而马奶中为1：1，所以马奶易于消化吸收，能降血脂。马奶中还含有丰富的维生素，其中又以维生素C含量比其他任何家畜的乳产品要高。马奶具有杀菌特性，在一定的时间内含有具有抑制细菌繁殖，甚至杀死细菌的能力。②驴奶的保健作用与它独特的化学成分和营养特点有关。驴奶的成分构成最接近人乳，驴奶蛋白中乳清蛋白占总蛋白的比例高于其他家畜；胆固醇含量低，脂肪含量低；驴奶脂肪中不饱和脂肪酸，尤其是亚油酸含量高，是牛奶的2.5倍；同时，驴奶含有较多的维生素C，其含量远高于牛、羊奶，驴乳中富含许多免疫活性物质和丰富的营养成分，可以作为一种免疫促进剂，增强人体免疫功能，延缓衰老。③骆驼奶，含丰富的维生素C及铁元素，含量分别是牛奶的3倍和10倍，蛋白质、钙、胰岛素的含量均高于牛奶，脂肪含量则低于牛奶，不仅是一种强力的滋补佳品，更对肺病、糖尿病、高血压、心脏病等有辅助疗效，尤为可贵的是，骆驼奶富含牛奶中缺少的乳铁传递蛋白和溶解酵素，这两种有杀菌作用的物质可强化人体的免疫系统。新疆马、驴、骆驼的存栏数均居全国第一位，新疆应在大力发展牛奶的同时，加快羊奶、马奶、骆驼奶等加工，缓解牛奶不足的状况，促进多种乳品的发展。

（二）重视制订有效的人力资源管理策略

企业竞争力的形成首先取决于企业中的人才数量和人才能否发挥应有的作用。重视高级管理人才在企业中的核心地位，加强人力资源管理创新。相比较而言，新疆乳品企业的人力资源管理力较弱。企业普遍存的问题一是高端技术人才的匮乏；二是现代管理人才的匮乏；三是优秀营销人才的匮乏。高端技术人才的匮乏导致企业研发能力不足，进而引发产品研发跟风、模仿等方面的问题。现代管理人才的匮乏，导致企业管理效率不高，加之管理层思维不到位，进而引发监督管理的缺失问题；优秀营销人才的匮乏，导致企业营销质量不高，根本无法处理市场多变情况。新疆乳品企业要把对这三方面人才的吸引、录用、培训开发看作是提升企业核心竞争力的一种重要举措，应该重点做好以下几个方面的工作：一是建立合理的人力资源结构比例。企业要善于创造吸引高级人才的各种条件，运用薪资福利、职位及其他方式吸引和留住高级人才，逐步构成合理的人才梯队。二是建设以绩效为目标的战略引领式人力资源系统，强化和补充市场化运营人才体系，创新薪酬绩效管理体系，依据实际贡献合力拉开收入差距，形成向一线人才队伍倾斜的激励机制，提升团队积极性和内生动能。三是加大人力资源培训力度和范围。对重要岗位、高级管理人员、重要专业技术人员，要加大培训力度，使企业培训做到点面结合。

（三）努力加强企业的管理能力

对于乳品企业来说，建立科学决策的投资体制与经营管理制度对于提高企业品牌竞争力尤为重要。加强企业的管理能力是提升乳品企业品牌竞争力的重要手段。

1. 加强生产管理，提高质量管理水平

乳品企业必须面向用户，适应市场，并依据市场和用户的需求变化不断地优化产品结构，最大限度地满足用户对产品品种、质量、价格与个性化服务的需求。这也是市场经济发展的客观要求。众所周知"产品质量是企业的生命，是企业赖于生产的最基本条件"，因而生产管理必须把质量管理放在首要位置来抓。要围绕企业的经营目标和现场存在的问题，组织攻关小组，通过开展质量管理小组活动，不断降低消耗，改进产品质量，提升乳品企业质量管理水平。要加大力度监管奶源，提升产品质量安全性和风险监测预警系统，时刻把产品质量和安全效益放在第一位，提供安全、高质量的产品，对消费者负责，消除消费者的不信任心理，提升消费者的品牌认同感，吸引和留住消费者。

2.重视营销策略，提高经营管理能力

在激烈的市场竞争中，部分乳品企业由于规模、资金和技术力量的局限，营销业绩不理想，其生存和发展面临着巨大的市场压力，在这种情况下，乳品企业必须制订符合市场需求和自身实际的营销策略。现代市场营销不仅要求企业提供适销对路的产品，制订有吸引力的价格，还要求运用各种媒体手段设计并传播产品特征及产品给消费者带来的利益等方面信息。在市场中进行沟通和开展促销活动，把握销售动态，适时做出调整。重视与加强营销策略，对乳品企业生存与发展而言，是一项重大课题，具有深远意义。乳品企业应当根据自身条件的发展趋势，进行统筹规划，合理安排，制订科学的营销策略，以求企业长期稳定，持续发展。

3.加强企业文化建设，强化企业软实力

企业的精髓是企业文化，企业文化是企业发展壮大的重要软实力，影响着企业的核心价值观、经营理念、管理模式和人才战略。健康的企业文化的重要作用表现在能将企业中有相当大差异的员工，通过组织凝聚成一个有竞争力的集体。它的形成是乳品企业取得成功的又一前提条件。企业如人，需要思想，需要经营哲学。世界500强中的很多知名企业都有自己特有的企业文化，无论是企业自己的雇员，还是外界都能感受到浓厚的企业文化气息。企业文化是企业产生凝聚力的源泉。"小企业做事，大企业做人"，新疆乳品企业必须重视企业文化建设。在企业文化建设上要重视以下几点：倡导协作，塑造团队文化；倡导求变，塑造创新文化；倡导关爱，塑造温馨文化；倡导变革，塑造进取文化。

4.加速产品多元化布局，延伸企业品牌优势

鼓励企业向高端、差异化产品方向发力，多元化布局开拓消费市场，辐射多元化消费群体，拓展企业品牌新价值。积极布局营养品、保健品及特医食品等大健康领域，实现多元化经营。重视多领域全产业链产品品质管控网建设，从原辅料采购、生产制造过程到终端全产业链保障产品品质。

5. 积极开发三四线城市及农村市场

近年来，三四线城市居民及农村居民乳制品消费量增速远高于蛋类、水产品和瓜果类，乳制品已成为居民膳食结构中的重要组成部分。因此，积极发展三四线城市及农村市场，可以拉动乳品消费规模，刺激乳制品产量进一步提高，为乳制品企业的发展提供新的契机。

一线城市早已是大品牌殊死搏斗的地方，作为新疆本地品牌或西部区域品牌的西域春、天润、花园公司没有钱在央视这样的顶级平台上做广告，实力不足以参与一线城市的市场角逐，因此寻找目标市场就非常必要了，在守住现有市场的同时，积极寻找大品牌目前还无法绝对垄断的次级目标市场，就是三四线城市及农村市场。

为了更好地拓宽三四线城市及农村市场，乳制品的销售方式应该从集中式消费转变为分散式消费，拓宽传统销售渠道，同时增加电商销售渠道。首先，采取多级分销模式，对于乳制品企业而言，在全国各大销售区域设置分经销商和零售商，积极进驻三四线城市，并将销售区域扩大至村镇。其次，乳制品企业应与第三方物流公司建立良好的合作关系，缩短乳制品从出厂到终端的时间，保证产品质量，提高产品知名度，满足三四线城市及农村市场需求。最后，由于电商渠道销售辐射半径广、成本较低，且直接对应消费者，将电商渠道与其他渠道相结合，可以使乳制品销售方式更加多样化和便捷化，有助于乳制品的推广和销售。

第七章 乳品企业调研报告

一、天润乳业品牌个性化定位，提升品牌竞争力

（一）新疆市场主要乳企品牌经营现状

无论研究新疆整体乳业品牌竞争力或某单一乳业品牌竞争力，均需要首先对新疆市场的乳业品牌经营现状进行调研。项目组对新疆市场的乳品消费和经营等情况调研如下。

1. 人文环境影响市场乳品消费比重大，本土品牌受宠

新疆地处天然优质牧区，具备长期稳定的乳制品饮用习惯，乳制品消费在居民日常消费中占有较大的比重，因此消费者对于乳制品的需求量高于全国大部分地区，以家庭为单位的消费几乎都离不开乳制品的购买，而以个人为单位的乳制品消费也占较大比重。新疆少数民族家庭更是对原奶有很大的需求量。在新疆，各城市住宅区附近几乎都有原奶供应点，也会出售手工酸奶等乳制产品。新疆居民家庭人均奶类消费量位居全国前列，近年更是处于稳步提升阶段，这验证了新疆乳制品市场规模在高位水平上仍有稳定向好的增长预期。

新疆中老年消费者在选择乳制品时，往往会倾向于新疆乳业品牌。疆内消费者对新疆乳业品牌的消费更忠于情感，有很强的地域归属感。对乳业老品牌的消费，更重视从小的消费体验感，持有一种回味童年的

感情，如"西域春"；对于影响力大的品牌的消费，则出于地域品牌的骄傲，如"天润"。虽然年轻人的选择不分产地，更趋向于新潮产品，但目前新疆乳业品牌在新疆的销售额占比仍达到95%以上，远超"蒙牛""伊利"等乳业强势品牌。消费者对乳业品牌的选择偏向性，保证了新疆乳业品牌在疆内市场的占有率。新疆消费者对疆内品牌的忠诚度高，同时也在意饮用体验，尤其对于不同口感的牛奶饮品和酸奶饮品的口感更为注重，如不满意，就有可能对品牌的忠诚度降低。从对新疆乳业品牌消费者市场细分来看，城镇人口对于乳制品的饮用和加工奶的需求量高于农村居民，疆内年轻消费者对乳制品的需求量在逐渐增加，主要在酸奶和各类口味牛奶的消费上。

2. 新疆乳企注重品牌影响力提升，政府政策支持持续发力

新疆乳品企业开始有意识地在竞争激烈的市场上寻找品牌优势，依靠企业品牌改进企业加工产品的技术水平，提高其品牌产品的生产加工水平。通过学习新的加工技术和研发新技术的方式，来提高乳企自身品牌硬实力。硬实力不单单局限在原奶的普通加工，更多地在多功能、多口味、高附加值的产品领域内探索自身发展的可能性。新疆乳业产品在近几年内已经有很大的变化，不仅体现在外包装越来越精致精美，还有产品在口感和口味上的研制研发，这都显示新疆乳业品牌影响力提升有着巨大发展前景。

政策支持作为行业发展新向标，能够为企业的发展和做大做强提供有力的支持。乳业品牌的发展和发力需要区域农业部门的政策支持。农业农村部"持续推进奶业振兴"文件中提到，要推动奶业向高质量发展转变，并举步推进"数字奶业信息服务云平台"的建设，为完善奶业产业链利益联结机制，要做大做强民族的乳业品牌。积极引导消费者饮用健康、安全的产品，并积极宣传乳业的发展成绩，定期发布乳品质量安全监测的相关信息，向全国消费者展示国产乳制品具备的优良品质。学生饮用奶计划的推广力度需要加大加强，继续开展中国小康学生牛奶供应行动，扩大乳业的宣传力度。新疆政府鼓励新疆乳业"走出去"，大力扶持乳品企业，为乳业品牌健康发展出台相关政策，扶持新疆乳业品牌在学生饮奶中持续发力。新疆生产建设兵团制订发展规划，要求新疆各兵团着力发展现代畜牧业，发展有规模的牲畜养殖场，并加快提高企业自身的标准化养殖水平，政府支持有能力的企业参与养殖基地建设，以及基于龙头企业建基地等优惠政策。新疆的农业政策对于新疆乳业品牌的建设提供了有力保障和支持，使新疆乳业品牌做大做强有了坚实的政策帮助和发展基础。

3. 新疆市场可选乳业品牌与产品种类丰富

目前新疆市场主要乳业品牌有"天润""西域春""麦趣尔""花园""佳丽""盖瑞""瑞缘""西部牧业""新农""伊利""南达""蒙牛""光明"等，另有从新西兰、荷兰等国进口的乳产品。仅以新疆乳业品牌为例，多种口味的产品丰富了消费者能够选择的乳制品产品种类。近年来，新疆乳业品牌对于产品口味的研发投入了大量的经费，许多新疆乳业品牌拥有30多种不同种类、5种不同包装的产品种类供消费者选择，其中主要的口味类型包括水果牛奶类口味、干果牛奶口味、炭烧酸奶口味。水果类口味包括牛奶和酸奶两类产品，水果有香蕉、芒果、百香果、柚子、草莓、山楂等。干果牛奶酸奶口味包括红枣、巴旦木、花生、核桃等，突出了新疆地域特色。炭烧牛奶酸奶包括乳酸菌发酵、俄罗斯炭烧等口味。

4. 疆内乳品品牌一超多强的竞争格局形成，疆外乳企进驻动力不强

新疆乳制品消费市场目前形成了一超多强的竞争格局。天润乳业占

据疆内领导地位，其次是西域春、西部牧业、新农、麦趣尔、瑞缘、花园等品牌割据发展。从营收角度来看，疆内上市乳企（天润、麦趣尔、西部牧业、新农）中，天润营收远超其他三家，且天润乳业主要收入来自疆内市场，在疆内龙头地位明确。四家公司中仅天润乳业的业务模式集中于乳制品，其他三家另有烘焙食品、饲料及农业等，仅考虑乳制品领域，天润领先优势更加明确。

伊利、蒙牛等全国化乳企在新疆市场发力不显著。伊利、蒙牛在新疆各自仅有一个生产基地，伊利新疆生产基地位于乌鲁木齐，主要生产冷饮、液体奶、冰激凌产品。蒙牛新疆生产基地同样位于乌鲁木齐，主产常温奶及冰激凌，相对在内蒙古的十多个生产基地，在新疆的布局明显偏少。疆外乳企进驻新疆动力不足的原因主要在于新疆地广人稀，以及市场认知度不足。新疆是中国陆地面积最大的省级行政区，但地广人稀的特征尤为明显。在此发展渠道投入高，而收益不明确。在新疆乳企已建立长期品牌认知的情况下，挤占新疆市场无法形成足够的品牌优势。同时，新疆地处中国最西北部，与国内其他省份牧场及生产基地距离较远，运输成本远高于内地市场，成本端同样压制省外乳企进驻新疆市场的动力。

5. 区域品牌相互效仿造成品牌形象与口感趋同，奶源资源方面相互竞争

对于新疆乳业品牌而言，在疆内的主要竞争对手除了伊利、蒙牛等全国性竞争品牌之外，就是新疆乳业品牌内部之间的竞争。目前新疆乳业品牌对自身品牌的竞争对手还没有分析到位，未能理解对竞争对手的分析是为了给自身品牌提供差异化优势。

（1）乳产品包装和口味研发相互效仿　通过调研新疆乳业品牌发

现，产品外在形象塑造已经成为了新疆乳企最为看重的一点。个性化的产品包装、年轻化的产品营销方式，都让新疆乳业品牌再次进入了消费者的视野中。但乳企品牌产品包装和口味研发相互效仿，造成产品形象趋同，缺乏差异化，产品口感雷同，这是新疆乳业品牌定位最为薄弱的一点。比如自天润乳业品牌采用爱克林包装及差异化的产品名称，对其酸奶进行网红营销之后，疆内众多乳企纷纷效仿，对产品包装和口感进行不断更新和创新开发，最终造成多家乳业品牌之间的产品包装相似，口味甚至无差别，这只能给消费者留下"模仿者"的印象，从而导致消费者质疑其品牌形象、产品口感和奶源资源。因此，当一家企业采用了首席定位策略之后，其他品牌应从其他方面去挖掘新的优势，而不是去跟风模仿。

（2）奶源资源的竞争　新疆乳业品牌都还处于品牌发展阶段，而品牌发展最关键的要素是保障奶源资源。近年来由于新疆天气变化大、牧场牧草资源逐渐变得珍贵，很多时候需要对奶牛进行工厂养殖。与此同时，新疆消费者长年以来消费未加工奶的习惯使得非加工奶市场依然生机勃勃，从牧民、奶牛养殖户手里回收奶源的困难依旧存在。奶源资源将会是长时间内新疆乳业品牌进行竞争的关键因素。

6.品牌产品研发种类仍有很大空间，不同人群需求的产品有待丰富与开发

现阶段新疆乳业品牌的产品将注意力多集中在年轻消费者，年轻消费者更愿意饮用健康、便利的酸奶饮品，更有女性消费者将酸奶作为减肥、保持身材的必备饮品，因此疆内乳业品牌加大了对酸奶产品的加工和新产品的开发，而忽视了老年、幼儿消费者对乳制品的刚性需求。因此，生产适用于老年消费者的高钙牛奶和适于幼儿消费者的儿童营养牛奶却很少。

7. 乳业品牌宣传力度不够，宣传方式落后传统

（1）广告宣传力度小　由于乳制品本身的特殊属性，乳品企业具有很强的地域性，乳品企业往往会陷入即便不做宣传，只要产品做得好，就可以通过口碑宣传把产品推送出去的错觉中，由此往往对于营销宣传不太关注。大多数情况下，乳品企业会利用自身团队来进行宣传，在进行品牌宣传的时候缺乏专业团队的辅助。

（2）宣传方式落后　新疆乳品企业在进行品牌宣传的时候，所采用的方式相对于其他区域的乳品企业较为落后，大部分还停留在传统的宣传方式上，如展销会、超市大促销、户外车身广告等。而国内的强势乳业品牌，如蒙牛、伊利在品牌定位和整体营销中采用了时下最新的营销思想和宣传方式，如明星形象代言、今日头条等平台新闻营销、视频营销推广等与电视媒体广告的相互结合。虽然一部分新疆乳品企业已经开始通过微信、微博等平台对自己的产品、节日活动进行宣传，但是宣传方式过于单一，宣传媒介之间没有很好地联系起来，没有体现宣传策略的统一。

（二）天润乳业品牌经营现状

1. 乳企基本概况

天润乳业成立于2002年，系兵团第十二师控股的上市公司，2013年与天宏纸业经过重大资产重组，置入乳制品业务。经过多年整合和布局，目前为国家农业产业化重点龙头企业、国家高新技术企业和科技创新百强企业，国家经济动员办公室西北地区（兵团）乳制品动员中心、中国奶业D20联盟成员单位。公司旗下现有天润科技、沙湾盖瑞及唐王

城三家乳品生产企业，山东齐河乳品公司开工建设。公司采用"以销定产"的生产方式，销售公司根据年度预算和产品实际销售情况制订滚动的月度需求计划，由生产单位制订具体的生产计划和每天的生产进度安排，将生产任务落实到责任人。旗下的天澳牧业、沙湾天润、天润烽火台、芳草天润、天润北亭、天润建融、巴楚天润等7家畜牧业公司充分发挥天山北坡黄金奶源带的优势，不断提升牧场管理水平，提高自有奶源比例，为公司提供优质可靠的原料奶。公司共拥有分布在新疆喀什巴楚、昌吉州、阿克苏、奎屯、沙湾、西山农场、芳草湖农场等地区的牛场18个，奶牛总存栏数约3.75万头，全年生产优质鲜奶20多万吨，公司整体奶源自给率约67%，为全产业链提供基础保障，同时加大对自有奶源基地进行技术升级改造，使其达到标准化的养殖水平。

公司2020年职工总人数为2 225人，研发人员总数13人，销售人员总数248人，研究生人数24人，本科生人数343人，大专生人数548人。截至2020年年底，公司获国家授权专利45项，其中发明专利6项，公司的技术创新能力和创新成果在疆内起到领军示范作用。

公司坚持以乳业为基业，产业涵盖种植养殖、乳品加工和市场服务三大产业，被评为中国奶业20强企业联盟成员单位（中国奶业D20）和中国奶业脊梁企业，成为新疆乳品行业产销量最大的企业，在新疆乳制品"一超多强"市场格局中处于龙头地位。

公司拥有独立完整的奶牛养殖、乳制品研发、采购、生产和销售体系，公司根据自身情况、市场规则和运作机制，独立开展经营。生产销售的乳制品有纯牛奶系列、酸奶系列、乳饮料系列等三大种类。截至2020年年底，公司现有生产产品数122个，当年投产蜂芒毕露酸奶、动益动益生菌酸奶、950毫升鲜牛乳、疆小糯酸奶等新产品，新产品拥有比例和开发成功率均为3%，核心产品更新换代速度较快，储备产品数上百个。营业利润主要来源于生鲜牛乳和乳制品销售业务。

传统乳制品是天润乳业的基础，重点在于发酵乳和功能性乳的生产加工。该品牌一直坚持与其他品牌产生差异化、有自我创新的原则，突出产品的特色，致力于制作优质的新疆乳制品。天润乳业品牌一直秉持增强管理储备、创新生产思路、优化产品结构的思路，有效地巩固了天润乳业在新疆乳品行业的领导品牌地位。天润乳业品牌把原生态营养产品作为发展核心，发挥其技术强项、竭力于打造新疆及全国优秀品牌，为消费者提供安全、优质、健康的乳制品。"天山南北、润康中国"是天润乳业品牌的广告语，天润乳业生产的产品以低温酸奶为核心，保证做强低温产品，做大常温乳制品。2020年，公司实现乳制品销量19.83万吨，2020年公司低温/常温产品分别实现收入9.30/7.89亿元。公司低温产品主要为低温酸奶、UHT奶，其次为公司大力推广的奶啤乳饮料。天润乳业坚持全心全意服务于疆内市场，并大力发展其品牌的疆外市场，最终实现了以产品为核心竞争力向以品牌为核心竞争力的提升。

天润乳业品牌的服务体系主体是建立城市型市场。其聚集了优质经销商团队，将疆内市场的重点放在零售终端，从而强化了市场的有效性，疆内实现县级市场全覆盖，市场占有率达到40%，日产销量达到680多吨。天润乳业建立的营销团队把握了市场有效的监管观察方法，并通过互联网、微信等新媒体方式推广其产品，产品已经销往国内30个省市级城市，受到当地消费者的欢迎。收入利润高速成长，必选消费韧性稳固。公司2018年收入14.62亿元，2019年收入16.27亿元，2020年收入17.68亿元，收入与利润实现快速增长，这都利益于公司从上游原奶建设到中游研发至下游渠道扩张，全流程着力发展。2020年疫情，公司依然保持稳定发展，毛利率为21.37%，体现出较强的市场地位。天润乳业口碑由区域乳企成功跻身国内市场，成为全国奶业行业最具影响力品牌企业之一。

天润乳业目前拥有"盖瑞""佳丽""天润"等子品牌。其中"盖瑞"品牌是新疆区域乳业品牌中的名牌。

（1）盖瑞　盖瑞乳业一直是新疆乳业品牌中的名牌，主要产品是纯牛奶，采用利乐枕包装和硬盒包装两种，都具有一定的市场影响力。纯牛奶地位与西域春、麦趣尔等品牌纯牛奶相媲美。被天润乳业收购之后，一直保持着盖瑞纯牛奶的品牌名称，包装与天润产品包装相一致，作为天润乳业旗下子品牌，在乳业市场中有不输于主品牌"天润"品牌的声望。

（2）佳丽　天润旗下品牌。主要产品是奶啤，红色罐装包装的佳丽奶啤是天润乳业奶啤品牌中的一个，是一个"全新"的饮品品类，既有鲜牛奶的浓郁奶香，同时兼备啤酒的纯正口感。以新疆无污染的高品质鲜牛奶为原料，经乳酸菌、酵母菌混合发酵而成，口感独特，颇为特别。

（3）天润　天润乳业主品牌。产品包括德国爱克林包装的系列网红酸奶（如玫瑰红了、巧克力碎了、冰淇淋化了）、Hello酸奶系列（如车厘子、青柠），以及新品益尊酸奶、爱魔淇、瑶一瑶、盗墓笔记、艾萨拉姆版等酸奶，天润品牌的产品每个系列都有自己独特的包装和设计。

2. 产品＋渠道＋产能构筑公司核心竞争力

近年来天润乳业收入规模持续快速提升，全国化布局脚步持续加快，其背后核心竞争力在于打造了市场记忆力的产品，稳固的疆内市场需求及快速拓展的全国化渠道、拓建中的南疆产能。

（1）打造具有味觉记忆的乳制品

1）酸奶口味独特，构筑拓展动力 酸奶品类同质化程度较高，难以形成强用户黏性，而天润以差异性品味打造具有记忆力的产品，新品主要以品味创新为主。天润酸奶以差异化口味切入市场，先后推出冰淇淋、蜜瓜、青柠、百香果、柠檬海盐等市场新口味，目前全系列已拥有十余种口味。天润酸奶采用爱克林包装，以"冰淇淋化了""巧克力碎了"等具有新鲜感、高认知度的口味名称，结合年轻化的产品设计，快速建立品牌认知。天润自2015年推出爱克林酸奶后，酸奶产品收入规模快速提升。后随着冰淇淋、巧克力等热门口味推出，以及营销活动跟进，酸奶收入规模持续快速提升。拆分量价，酸奶增长主要由量增驱动，而价格基本保持不变。结合酸奶的强大产品力及公司在疆外市场的大力拓展，酸奶产品将持续放量。同时，低温乳制品收入规模快速提升，验证酸奶快速发展逻辑。爱克林酸奶推出后，酸奶收入持续提升，低温乳制品产品结构也向酸奶倾斜，低温产品收入规模大幅度提升，低温产品的高速增长也同步反映了酸奶收入规模持续扩大的趋势。

2）UHT奶量价齐升促成公司第二大增长曲线 天润常温产品主要由UHT奶和常温乳饮品构成。2019年常温产品贡献公司整体40%收入，是公司第二大业务模式，具备潜在增长实力，2019年常温产品收入达6.49亿元。以独特浓缩纯牛奶为主，支撑UHT奶大力发展。UHT奶也是天润重点发展的品类，产品体系以浓缩纯牛奶为核心，同时推出浓缩高钙牛奶、盖瑞纯牛奶及小白袋疆小白纯牛奶等。浓缩系列纯牛奶是差异化产品，较一般纯牛奶蒸发10%的水分，口感更香醇，消费者认可度持续提升。UHT奶构成公司第二增长曲线，量价齐升态势明显。拆分近年的量价，UHT奶销量处于增长趋势，单价在2017年快速拉升后，近年一直保持稳定。销量增长原因主要在于天润品牌市场认可度提高，其次是公司大力发展经销渠道，经销商数量增长迅速，渠道覆盖广度的提升也有力拉升UHT奶销量增长。2017年销售单价增长，主要是由于公司当年调整UHT奶产品结构，提高浓缩奶的占比，而其销售单价较高，拉升UHT奶整体单价。

3）奶啤具有显著味觉记忆，快速有效打开疆外市场　天润乳饮料产品主要为奶啤，另有少量大白兔口味等风味乳饮料。奶啤通过牛奶二次发酵而成，具有独特的味觉记忆。同时，奶啤属于常温长保质期产品，能实现远距离运输，对于打开疆外市场具有重大意义。奶啤由"天润""佳丽"双品牌动作，蓝罐+红罐双包装，形成直观视觉冲击。2020年11月公司推出奶啤新包装，以年轻时尚化的新罐装"线路中国风包装"突出"千里诚贡"概念，并结合"一罐奶啤知新疆"的宣传语，将奶啤与新疆特色尝试绑定，契合年轻人的消费心理。量增推动乳饮料快速发展。奶啤的市场认可度自2016年开始逐年提升，公司同步加大营销推广力度，促使奶啤快速放量。拆分量价来看，量增是公司乳饮料业务持续增长的核心贡献因素，销量呈现持续增加的趋势，价格近年来则保持基本稳定。

（2）多渠道同步拓展终端市场

1）分区域管理，多层面营销渠道建设　天润以乌鲁木齐市场为核心，以新疆为基础，构建北疆、南疆、北方、华东、华南五大营销中心，分层次的市场管理模式，垂直精准化管理各区域市场，强化建设经销体系和营销团队两大队伍，协同布局多层次营销体系，同时把握年轻人的消费习惯，结合新疆媒体传播力量，着力建设线上平台。

2）经销为主，直营为辅，同步发展　从销售模式来看，直营模式为公司直接对接大型商超及各地学校，占比较小。经销模式占比近年持续处于85%以上水平。整体来看，经销与直营收入规模保持同步增长，公司坚持以经销为主的渠道策略。

深挖疆内市场，开拓疆外市场。疆内市场持续快速扩张，疆外市场则经历了开疆拓土般的迅速发展，重点布局华东、华中、华南等地区，目前已初步形成全国化的营销网络，正呈现出多区域发展的态势。近年来，天润逐步完善销售服务体系，在深挖疆内市场潜力的同时，快速开拓疆外市场，多渠道营销，共同实现市场新突破。公司在扩大经销商规模的同时，不断优选经销团队，培育优质经销商。经销商数量增长，整体经销收入保持增长趋势，2020年疆内/疆外分别实现收入11.23亿元/6.41亿元，这与公司选择优化经销团队的渠道策略有关。从拆分疆内、疆外经销商数量来看，从2018年以来，疆内经销商数量呈现下降趋势，而疆外经销商数量呈缓慢增加，这与疆外市场增长具有一致性。疆内巩固北疆优势，开拓南疆市场。公司在目前北疆市场稳固发展的基础上，以乌鲁木齐和昌吉为核心，以南疆为重点，持续巩固疆内城市市场的发展。推进渠道深化，将渠道触角延伸至乡镇、团场，扩大县乡级渠道广度，提高市场占有率。疆外优先布局南方市场，加速北方市场建设。公司在上海设立疆外办事处，更加贴近终端市场，给予经销商进行终端市场实际情况的指导和支持。通过核心产品建设样板区域，推动疆外市场高品质建设，同时着力布局北方空白区域，通过具有差异化竞争实力的爱克林酸奶和奶啤产品先行打开市场空间，培育核心市场群，提高对渠道的建设和把控力度。

直营传统渠道持续优化，线上平台优势加码。直营模式是公司占比较小的销售渠道，由公司直接对接大型商超与学校。近年来公司加强了对快消品主渠道大型商超的布局力度，并在政策导向下，学生奶渠道稳定发展。公司同时积极把握零售发展新方向，布局电商及新零售渠道。商超渠道深度覆盖，保障终端市场稳定需求。在直营模式的着力发展下，天润乳业的销售渠道由过去的便利店、水果店逐步发展向大型商超，目前已进驻华东、华北地区的全家、罗森、盒马鲜生等连锁便利店，华南地区永旺、天虹等大型商超。有效提升渠道的品质与终端市场覆盖率，为下游的稳定需求提供了保障，也为疆外市场持续稳定发展打下了坚实基础。学生奶逐年发展，市场需求培育成型。学生奶是在政府管理下由乳企直接向学校提供饮用奶的学生饮奶计划，供需关系稳定且长期。天润乳业自2014年成为新疆学生奶生产企业之一，多年持续供应新疆学生奶，目前是新疆学生奶供应乳企之一。目前天润已有5个学生奶奶源基地，以专业技术保障学生奶优质品质。受益于学生奶渠道的稳固发展，天润乳业在学生奶市场可获得庞大且稳定的市场需求。虽然考虑行政力量介入，学生奶渠道盈利不及C端，但在学生市场上的独占优势，能实现规模扩张，建立品牌心智认知及消费黏性。积极布局线上渠道，主流电商平台销量超同业水平。公司借助网络电商平台及第三方物流支持，在天猫、京东等主流电商平台搭建官方旗舰店，借助新媒体实现全方位营销。2021年元旦假期三天时间，天润浓缩纯牛奶单品实现万份订单，大桶合装酸奶近8 000份订单，爱克林酸奶系列超5 000份订单，销量赶超光明等同类单品。新零售渠道大力开拓。公司同步进驻新零售渠道，通过线上线下配送模式，为消费者提供即买即送的牛奶配送服务。公司在线下根据区域特点，进驻各类商超、便利店及水果店等实体。通过平台方的物流配送体系提供最后一公里的送奶服务。

　　（3）南疆产能投放有望缓解产能瓶颈　近年来，天润UHT奶/酸奶/

乳饮料各项产品已经接近满产，产能约束压力明显。产能利用率处于高位，产量扩张受限，影响下游渠道深化布局和营销活动投放。

1）以图木舒克为主要基地，布局南疆市场 天润乳业主要集中在北疆市场，南疆市场占有率较低，为加大南疆市场的开拓力度，提高占有率，天润乳业目前已在农三师图木舒克工业园区投资建立3万吨乳制品加工基地，以期有效补充公司产能，有利于进一步开拓南疆市场，优化公司产能布局，该项目也将对公司整体乳制品加工产能的提升形成有力补充。开展奶源基地建设合作。2020年，公司与新疆喀什地区巴楚县人民政府就5 000头规模化奶牛养殖场项目达成协议，建立了企业与政府产业联合、优势互补、互利双赢的战略合作关系，借助地方资源优势和公司品牌、技术和市场优势搭建了平台。项目建成后将进一步提高公司自有奶源比例，为公司优质奶源提供保障。

2）持续建设自有牧场 天润乳业奶源主要来自自有牧场和可控奶源，奶源供给稳定且品质高。目前已经拥有天澳牧场、沙湾天润、天润烽火台、天润建融牧业、天润北亭、芳草天润6家奶牛养殖企业、16个规模化牧场。近年来对自有牧场的建设仍在不断提升和扩大。

（三）天润乳业品牌分析

1.天润乳业品牌成为新疆乳业品牌领导者

天润乳业曾是其他新疆乳品企业的跟随者，模仿别人的产品或者营销模式，一直无法成为市场主导企业。经过多年的市场调研、消费者研究、国内外乳业品牌成功案例研究，天润乳业以创新为发展核心，从跟随者变为了领导者，并在新疆乳业受国内外强势品牌冲击的过程中，保持稳步增长，打响品牌影响力。

2.天润乳业品牌有品牌战略意识

天润乳业通过对农垦乳业集团的资源整合，将佳丽品牌融于公司旗下。通过收购盖瑞品牌，旗下拥有天润、佳丽、盖瑞三大品牌。长期以来，天润乳业一直都在培养自身的所有品牌。天润乳业品牌所拥有的盖瑞、佳丽及天润等品牌拥有市场无限的潜力，其中盖瑞、佳丽品牌都是多年之前就存在于新疆市场的新疆乳业知名品牌。天润乳业在购得沙湾盖瑞乳业有限公司及沙湾金牛生物有限责任公司之后，成功收购了盖瑞、佳丽等新疆乳业名牌。盖瑞、佳丽品牌在新疆市场的名声流传已久，已经在消费者心目中获得了较好的口碑，而天润乳业通过收购老品牌，稳定旧市场的情况下，推出了自己的天润网红酸奶，一跃成为比西域春乳业还有影响力的新疆本地品牌，最终获得了一批稳定忠实的年轻人粉丝。天润乳业运用互联网在微信公众平台、微博等平台制造话题，成功引起消费者注意，做到有效地口碑传播，加强了品牌宣传。天润乳业品牌打入疆外市场之际，有意识地培养年轻消费者，并在大学生群体中培养校园代理，将品牌向年轻化市场发展。

3.天润乳业品牌个性定位明确

（1）年轻有活力　天润乳业最初对品牌进行设计的时候，就是为了给消费者带来不一样的乳制品体验和产品使用体验。天润乳业品牌从产品到产品命名方式、营销方式等都打破了新疆几十年以来刻板的乳业品牌形象，一跃成了新疆乳业品牌的网红，被消费者大量追捧。天润乳业品牌经过多年的营销和产品的更新换代，让消费者产生了"年轻有活力"的品牌印象，成为天润乳业品牌最具有辨识性的个性。

（2）专业有实力　天润乳业品牌专业有实力的品牌个性主要体现在其对于乳业加工技术的注重和奶源资源的重视。天润乳业将乳源基地建设、奶牛养殖等基础设施建设作为重点，一丝不苟地去研发低温牛奶、常温牛奶、巴氏牛奶市场，并一直大力发展酸奶产品，为消费者提供了多重口味的酸奶饮品。与全国性乳业品牌伊利、蒙牛相比较，酸奶制品是天润乳业的品牌优势，是天润乳业的品牌竞争力所在。

天润乳业品牌的创新性在于研发生产了新的乳制品饮品——奶啤。国内乳业品牌市场在此之前未曾有过奶啤这一种类的乳制品饮品，创建了乳制品新市场。由此可见，天润乳业在产品开发和技术研发方面相对疆内其他乳业品牌更具备专业性。

4.天润乳业品牌个性化定位分析

天润乳业品牌以其品牌个性为定位重点，将其品牌个性注入了品牌个性化定位的每一个因素中。

（1）产品以消费者为导向　产品作为天润乳业品牌定位个性化的定位第一步，首先做到了品牌功能上注重消费者的需求及消费体验，其包装为消费者提供携带便利的同时，又实现了视觉美观。产品命名个性化更能够体现消费者追求个性、表达对新疆的热爱之情。

1）产品功能人性化　产品的功能与消费者的需求相关。如果产品的功能无法满足消费者需要，会给消费者留下差的产品质量印象。如果产品能满足消费者的需求且具有消费者未曾想到的功能，会让消费者留下好的产品质量印象。天润乳业在产品功能上的创新让乳制品拥有了"时尚"的新功能。这种"时尚感"的功能体现在产品包装、质量、命名上，为消费者提供了消费乳制品时的审美体验，使消费者在购买产品时即享受到了基本的功能，也能够享受到除产品本身以外的附加功能，即对于美的需求。购买天润乳业品牌产品让消费者能够喝得有品味、有时尚感。

2）产品包装个性化　产品包装具备两种功效。第一是产品运输、储存、销售时起到保护产品和方便储存的作用；第二是利于消费者在购买过程中对产品、品牌有明确的识别和引导购买的作用。天润乳业品牌"网红酸奶"采用的爱克林包装，纯牛奶采用的利乐枕包装、方盒包装及杯装包装，利于存放、携带及饮用。德国爱克林包装即便放到包里也不会挤压变形，包装一侧的空气枕在饮用时防脱落，既方便又时尚。利乐枕包装还拥有安全、自然环保、经济实惠的优点。传统的方盒包装及杯装包装，利于手拿和存放在冰箱及冰柜中。

天润乳业品牌产品的多种包装，提高了品牌辨识度，增强了品牌形象，扩大了产品销售范围和消费者市场。天润乳业品牌产品包装具有极高的辨识度，成了消费者购买天润乳业产品的目的，在年轻消费者市场追捧和关注。天润乳业品牌产品包装成了一种新的潮流，引领了新的乳业时尚。

3）产品命名趣味化　命名品牌的名称、确定外在的形象和品牌内涵，对于消费者称呼、记忆该商品具有重要的作用。便于记忆、有含义、名称具有美感的，并可长期持续使用的品牌名称才是好的品牌命名。而产品有好的命名对于品牌的塑造又有巨大的影响力。天润乳业品牌"网红酸奶"以"玫瑰红了、巧克力碎了、冰淇淋化了、被柚惑了、百果香了、山楂恋爱了"等名称命名，在看到产品包装时就可以唤醒消费者对产品的记忆，易于吸引消费者购买天润乳业品牌的产品。每一款爱克林包装的酸奶都有与名称相符合的独特口味，能够被消费者迅速接纳。"网红酸奶"产品命名中体现了年轻一代消费者对于自我个性的强调，以及对于产品个性认同感的追求，要求产品不仅拥有基本的饮用功能，还要求产品能够体现自身个性的特点，能够彰显消费者自身的差异化。

（2）品牌营销重体验　优质的产品配以体验式的营销方式会产生巨大的影响力。天润乳业品牌在生产优质乳制品的同时，在营销渠道上也做出了创新和改变，将消费者体验作为营销重点，为消费者提供走进天润乳业品牌的机会。

1）网红合作　天润乳业品牌摒弃传统的电视、广播的推广方式，将宣传重地放在了互联网平台。天润乳业品牌的"口碑传播"在新疆品牌当中做得最为出色。天润乳业结合线上线下的方式，一方面寻找能够代言天润乳业品牌的网红明星为天润品牌产品进行体验式美食测评，利用网络资源进行新产品推广。天润乳业品牌合作的网红不仅会在微博和公众平台分享自己饮用新产品的美食测评视频，同时还会不断对乳企其他品牌产品进行推广宣传。合作网红数量多，产生很大的影响力。另一方面通过与具有一定关注度的微博大咖如新疆美食推荐、小红书等热门App进行合作，将品牌产品通过网络进行宣传。新疆美食推荐作为疆内各类美食推荐最大的平台，疆内外消费者关注较多。与有实力的平台进行合作有助于天润乳业获得消费者的信任，激发消费者的新鲜感。

2）用户互动　天润乳业官方微博账号通过在微博上制造话题带动用户参与话题，在微信公众号上进行新产品信息预告及推广。主要互动的是天润乳业品牌在各地大学生中培养的校园代理。年轻人对于互联网的热衷正是天润乳业品牌最关注的一点，年轻消费者用户会更加信任网络达人进行测评并宣传的品牌和产品。而天润乳业在微博上通过与用户进行沟通、互动，利用微博抽奖的方式给消费者带来产品体验，从而培养更多天润乳业品牌的粉丝。天润乳业品牌微博互动主要方式为抽奖送产品、转发有天润乳业品牌信息的微博、为校园代理品牌点赞、在微博上制造话题进行讨论等。并且给消费者更多讲述自己饮用天润乳业品牌产品体验的机会。

3）话题制造　天润乳业品牌善于制造与乳业品牌相关的话题。首先，为酸奶产品冠以"网红"名称，与现今大热的网红经济形成较好的品牌联想，能够为品牌带来许多"网红"伙伴。其次，天润乳业将产品的趣味名称作为品牌宣传文案，给消费者传达一种新奇的品牌形象，以此与消费者之间产生互动性。

（3）公关人性化

1）公益行动助力品牌形象　天润乳业品牌作为新疆较有影响力的乳业品牌，在进行产品销售的同时也将区域强势品牌应尽的社会任务作为重点，疆内发生大型地质灾害需要解决食品问题时会进行一定的资助，并且组织志愿者前往现场进行支援。天润乳业品牌主要进行的公益活动包括义务植树活动、建设哺育工程、援助灾区。义务植树活动：天润乳业品牌组织各子公司开展植树造林活动，打造绿色工厂、绿色牧场。同时天润乳业与亚心网联合举办全民植树节活动，为共建绿色家园助力，以实际行动扛起绿色生态环境建设的企业责任。建设哺育工程：天润乳业为落实企业责任，保障原奶质量，加强建设奶源基地，将哺育工程作为品牌发展未来，与政策结合，为义务教育阶段学生免费提供牛奶，为新疆的未来出力，实现企业与政府合作新方式。援助灾区：天润乳业品牌为建设品牌新形象、落实企业任务，为地震中受伤、家属死亡家庭进行帮助，向灾区免费提供乳制品，助力抢险赈灾，为灾区人民带去温暖。

2）赞助校园活动　天润乳业品牌为成就年轻人梦想，赞助大学生校园活动，如2018天润·伯明顿青春环羽杯大学生羽毛球赛，通过提供奖励等方式，为品牌增加影响力、为品牌形象添加年轻活力。

3）处理问题看重消费者利益　天润乳业品牌在处理公关事件问题时，首先看重消费者的利益，以不损害消费者利益为主旨，对事件受害人进行一定赔偿的同时，再对受害人进行补贴。

（4）竞争性具体化　天润乳业品牌在成为新疆乳业品牌龙头企业之前，一直处于乳业跟随者的位置。在此期间，天润乳业品牌不断对市场进行调查和研究，不断对疆内其他乳业品牌的运营模式及全国性乳业品牌的运营竞争性优势进行对比后，对自己的竞争地位与优劣势有了全面的了解。

1）形象产生差异　天润乳业品牌通过对疆内其他乳业品牌形象的调查、对国内外成功乳业品牌的案例进行分析比较，发现不同于同类产品的品牌形象能够让消费者区分同类品牌之间的差异，并且制造这种差异性的品牌会成为第一个进入消费者注意区的品牌，从而引导消费者兴趣和注意力，最终引导消费。天润乳业品牌正是采用这一点，在疆内市场与其他品牌形成形象上的差异，使消费者从内心开始对乳业品牌进行辨别和对比，将充满活力的乳业品牌形象注入了消费者的头脑中。

2）个性引导消费　天润乳业品牌通过不断创新的方式，给自己的品牌塑造出了"欢乐""积极"的品牌个性。消费者对品牌个性的感知是敏感的，天润乳业品牌经过一系列的改变和创新，使消费者对天润乳业品牌形成了新的想法和印象，用"试试看"的心态去尝试天润乳业品牌产品，之后因为其质感和口感陷入其中。

3）拓展消费者接受度　天润乳业品牌成功的一部分原因在于拓展了消费者的接受度。以往新疆乳业品牌一直低估消费者的接受能力，同时又因为老旧的乳业品牌经营思想，只认为品牌做大做强就是做好质量、做好口感、用品牌质量定胜负，从而失去了在其他方面进行创新的思考能力。而天润乳业却察觉到了品牌形象改变这一个竞争优势，通过对品牌整体进行重新塑造，拉开了与竞争对手之间的距离，明白了产品想要吸引消费者，不能低估消费者的接受能力和消费观念的迅速改变。尤其年轻一代消费者，对于各类新鲜事物的接受能力是非常有研究价值的。

（四）天润乳业品牌个性化定位的建议

1. 持续技术创新、不断提升产品的创新力度

天润乳业品牌奶源源自新疆，奶源自供率高，因此能够产生差异主要在于技术的创新及产品的创新力。

（1）技术创新　技术是支撑品牌继续走下去的重要手段。天润乳业品牌相对于国内其他乳业品牌的经营发展时间较短，真正有意识形成自己的品牌优势也是近些年的事。因此技术创新对于天润乳业品牌来说，是一个需要持续不断进行的工作。同时对于天润乳业品牌和品牌个性化定位而言，技术创新是一切定位策略的基础和前提，即便精准划分消费者、找准目标市场，也会因为技术能力不足的原因导致产品质量不合格、服务不到位、营销不对口等现象出现，使品牌无法真正满足消费者需求，或者带来与品牌经营期望结果相反的效应，失去消费者。

（2）产品创新　产品创新是目前新疆乳业品牌最重视的点。从近几年的乳业品牌市场推广产品的情况来看，部分新疆乳业品牌对于天润乳业品牌的成功有理解上的偏差，认为天润乳业品牌的成功因素来源于其产品包装的差异化，因此市场中大量出现包装相似、品牌不同的产品。其实产品创新的重点不仅在于产品的包装或者是产品名称的差异化，而是由内而外的产生差异性，通过技术开发研究出新的产品种类、新口味

产品，以及满足不同阶段消费者的专一性产品，才是新疆乳业品牌将来应该重点发展的方向。因为消费者对于产品外观的重视只是一时的，还是需要从奶源质量、加工技术、营销方式等方面去进行产品创新。

2.不同消费者的需求待挖掘

（1）婴幼儿奶粉需求市场依旧空缺　新疆作为黄金奶源地带，具有自然养殖优势，国内消费者对于新疆食品一直持有信任的态度。另外，新疆本土的婴幼儿奶粉品牌极少，开拓空间巨大。基于此，天润乳业品牌可以利用其奶源上的品质保障，再通过引进国外先进的奶粉制造技术，给消费者一个技术层面的保障，进军婴幼儿奶粉市场。

（2）妇女需求型产品市场有待开发　目前新疆市场还未见有专门针对妇女需求的乳制品，因此妇女乳品市场是继婴幼儿奶粉市场之后有待开发的市场。能开发的产品不止牛奶、酸奶、乳酸菌饮品等普通类型的乳制品，还可以开发利于妇女健康的奶粉、硬奶酪制品等。针对职业女性需要爱的呵护，天润乳业在品牌上可冠以"爱与关注"的品牌形象，或者生产专门为职业女性健康考虑的新产品，形成市场竞争优势。针对家庭妇女是女性群体中最为劳累和最操心的群体，兼顾工作和生活，往往忽视自己的健康，天润乳业也可以考虑研发生产为家庭妇女补充营养、保持健康的乳制品。

（3）老年乳制品需求市场发展空间大　近年来国内老龄化加剧，因此老年市场是新疆乳业品牌将来必然要发展的新需求市场。乳制品虽然会与健康、营养等有关联性，但是其营养价值不至于能够阻止衰老、阻止癌变、阻止所有老年疾病，因此老年消费者的需求易于挖掘又不容易满足。天润乳业对于老年消费者市场，更需要的是在产品中诉诸"关爱"之情，提高品牌服务。天润乳业可考虑提升高钙乳制品加工技术，生产能够真正为老年消费者健康考虑的产品。同时考虑老年人行动不便，提供送货上门等优质服务。老年消费者极易对品牌产生深厚的感情和依赖感，最终形成品牌忠诚。

3.塑造与强化品牌个性

品牌个性虽然看似是一个较为抽象的概念，但却是实际存在于品牌之中。天润乳业把品牌个性作为品牌定位的基础，为品牌增添了新活力，取得了不错的实效。因此，天润乳业品牌需要继续把塑造品牌个性作为个性化定位策略的出发点和落脚点。

（1）善于发现天润乳业自身的品牌个性　新疆乳业品牌目前都在尝试通过各种品牌策略和品牌传播方式来强化自己的品牌形象，因此天润乳业发现自身品牌个性对于品牌发展有着重大意义。其意义在于两点：

1）品牌被认同　天润乳业品牌发现了自身的品牌个性之后，就会很容易吸引到认同品牌的消费者，同时这些消费者会对天润乳业品牌的细节产生兴趣，从而记住该品牌。

2）品牌被区分　有个性才容易被区分，品牌个性也一样。天润乳业品牌只有发现自身品牌个性，才能被消费者容易区分和迅速区分。

（2）塑造天润乳业品牌个性　天润乳业品牌需要清楚自己的品牌定位、消费者定位、市场竞争优势、品牌竞争对手，考虑如何与其他品牌形成差异，发展本品牌自身的优势。这些问题解决后，天润乳业品牌就会拥有自己的品牌个性，因此说，品牌个性的塑造在于每一步所做的努力，在每一步所做出的差异化。

（3）强化天润乳业品牌个性　新疆绝大多数乳业品牌现阶段都处于品牌个性相似、差异性不大的地步。如何进一步挖掘自身品牌个性是目前天润乳业需要考虑的重要问题。天润乳业品牌在品牌个性挖掘方面还处于最初的阶段，如果将品牌个性研究透彻，并设计出长期的强化品牌个性的有效方案，天润乳业品牌与其他乳业品牌之间就会自然地产生个性化差异。这种差异不仅是产品外包装、口味的区别，也包括品牌产品、服务、营销、广告宣传，以及品牌理念的差异性。

4. 结语

新疆乳业品牌经营定位目前总体仍然处于不清晰的状态，这主要是因为新疆乳业市场发展不均衡，各乳企技术能力还不足够，硬件方面还有欠缺。特别是一些乳企还一直停留在乳业加工的初级阶段，没有形成品牌、制订品牌定位策略和塑造品牌意识。天润乳业有品牌意识，制订了品牌个性化定位战略，并已经拥有一定市场影响力，是新疆乳业的领导品牌。对于天润乳业品牌迅速发展最为有效的方法就是为自身品牌进行精准个性化定位，将塑造品牌个性当作品牌个性化定位的前提和落脚点。受消费者市场争夺需要，天润乳业也要注意防范乳企同行抄袭产品包装创意、广告宣传创意、品牌定位策略等。

通过对天润乳业品牌经营情况分析研究，说明采用品牌个性化定位策略、塑造品牌个性对于企业品牌竞争力有重要意义，不仅可以使天润乳业品牌产品与疆内乳业品牌产生差异，提高疆内市场影响力，同时，天润乳业品牌个性化定位能够帮助乳业品牌被消费者识别和记忆，有利于品牌迅速进入疆外市场，与疆外乳业品牌及全国知名品牌形成有效竞争，对吸引疆内外消费者市场有积极作用。天润乳业制订的品牌个性化定位战略，为品牌增加了附加值，为产品提供了品牌文化背景，使其能与国内其他区域的品牌及全国知名品牌形成差异化的品牌形象，提高产品竞争力，也使更容易被处于不同地区文化背景下的疆外消费者所接纳，与当地乳业品牌形成竞争。

二、南达乳业有限公司品牌发展调研报告

（一）南达乳业有限公司发展概况

1.南达乳业有限公司基本情况

南达乳业有限公司（以下简称南达），1993年创建于新疆喀什，主营业务范围涉及贸易百货、影业服务、种植业、畜牧业、乳品加工业等，是国家及新疆维吾尔自治区认定的农业产业化国家重点龙头企业。1993年至2003年，南达在喀什地区主要经营贸易、百货、连锁超市、影院等业务，2004年南达兼并了喀什地区种畜场，成立了南达乳业有限公司。至此，南达完成了主营业务的转型。2005年南达畜牧良种奶牛基地建成，同年被认定为国家扶贫龙头企业；2006年南达乳品加工园区开建，引入先进的酸奶设备，改变传统的酸奶加工模式；2007年南达奶粉厂建成投产，同年南达良种奶牛基地引入第一批美国纯种荷斯坦奶牛；2008年南达被认定为农业产业化国家重点龙头企业和新疆维吾尔自治区农业产业化重点龙头企业；2009年南达乳制品加工园区液态奶生产线投产；2010年南达良种奶牛基地全面建成，并获农业部奶牛标准化示范场认定，同年南达乳业获得国家学生饮用奶生产企业认定；2011年南达获评自治区双百扶优扶强重点企业，并首次引入战略投资机构股东；2013年南达乳业有限公司改制，南达新农业股份有限公司成立；2014年南达新农业股份有限公司在新三板挂牌，同年获高新技术企业认定。2016年南达被农业部认定为农村一二三产业融合典型龙头企业；2017年南达投资成立喀什迈福敦食品有限公司，被新疆

维吾尔自治区评定为民营企业"千企帮千村"精准扶贫先进单位；2018年喀什迈福敦食品项目建设投产，同年南达冰川牧场循环利用有机肥项目开工建设。时至今日，公司已形成了以涉农涉牧产业为核心，实业经营与资本运营互动发展的现代企业集团。

2. 南达乳业有限公司（2018—2020年）**生产经营概况**

（1）南达乳业有限公司商业模式概述　南达乳业有限公司（以下简称南达乳业）是以乳制品研发、生产、销售为主，覆盖新疆特色林果种植、畜牧养殖、生产加工及市场开拓的上中下游产业链的生态循环农牧企业，是农业产业化国家重点龙头企业、国家扶贫龙头企业、农村一二三产业融合领军企业，拥有9项发明专利和多项非专利但具有地域特色的乳产品加工技术，并取得畜牧养殖和乳产品加工等相关业务许可资格，拥有专业的技术研发、企业管理和销售团队，通过不断打造的研发、生产、品控、营销等平台优势，将新疆帕米尔高原独有的高品质原生态乳产品、林果产品，传递给崇尚自然、关注健康的广大消费者。

南达乳业主要通过"经销商"和"直销"相结合的方式开拓市场业务，并开启了线上电商和直营店销售模式。"经销商"模式主要针对本市以外的市场渠道建立，按营销重点区域设立南疆三地州、北疆区域、长江三角洲地区等，不断开发新客户，并导入"阿米巴"模式管理，经过多年的精心耕耘，已与众多经销商建立起共赢共生的合作关系，为产品营销及新品推广开辟了较为稳定的营销网络。"直销"模式主要针对本地市场的终端客户营销，对于团购业务及企业大客户，公司采取了更为灵活的一对一营销政策，以期获得持续稳步的业绩增长。调查期内（2018—2020年）南达打通了线上平台及线下体验店，加强了消费者对公司品牌的了解与互动。未来南达乳业将不断探索更多形式的营销路径，降低流通成本，扩大营销通路，提高经营效益。

（2）南达乳业乳制品生产情况（表7-1）　该数据由南达乳业乳制品加工生产部门相关负责人员提供。奶源基地建设能力、奶源供给能力和奶源控制能力方面，南达乳业2019年以前，没有奶源基地相关项目工程的建设，奶源主要是由散户收集和合作社代养代收形式收集。因此，奶源供给能力和奶源控制能力不强，日奶源供给量不足100吨，其中自有奶源控制能力不到40%。奶源供给不足和奶源控制能力弱的问题严重制约着南达乳业的发展。2019年南达乳业自有奶源基地项目开始动工，南达冰川牧场、巴楚南达畜牧、岳普湖南达畜牧等自有奶源基地工程到2022年陆续完工，新增3个大型奶牛养殖场，自有奶牛存栏数达到5 000头左右，日奶源供给量达到1 000吨/天，自有奶源控制能力达到65%～70%。生产线数量和生产规模方面，南达乳业现有生产线由2018年的10条增至2020年的12条，其中常温奶生产线4条、酸奶生产线7条、奶粉独立生产车间1间，现有生产规模达80吨/天，供给原奶与成品乳制品转化率达到95%左右。

表7-1　南达乳业乳制品生产情况

项目	年份		
	2020	2019	2018
奶源基地建设能力（头）	500	300	260
奶源供给能力（吨/天）	80	60	40
奶源控制能力（%）	38	32	28
生产规模（吨/天）	80	40	30
生产线数量（条）	12	10	10

（3）南达乳业乳制品产品现状（表7-2）　该数据由南达乳业乳制品加工生产与乳制品研发部门相关负责人员共同提供。在生产产品数方面，2018—2020年产品数总数由18个增长至23个，年均增长3个产品，呈稳定增长状态。2020年有6个研发产品，相比2018年和2019年产品研发力度有较大幅度的提升。新产品投产数方面，2018—2020年年均投产新产品2个，呈稳定增长状态。储备产品数方面，由于2020年产品研发力度的增大，储备产品数为12个，相比2018年和2019年储备产品数呈增长状态。新产品拥有比率方面，2020年受新型冠状病毒疫情的影响，新产品拥有比率为16%，相比2018年和2019年新产品拥有比率25%有明显降低。新产品开发成功率和核心产品更新换代速度方面，由于南达乳业地处新疆南疆喀什地区，人才引进不具备竞争优势，导致其长期处于低速发展状态。

表7-2　南达乳业乳制品产品现状

项目	年份		
	2020	2019	2018
现有生产产品数（个）	23	20	18
在研产品数（个）	6	2	1
新产品投产数（个）	2	2	2
储备产品数（个）	12	8	8
新产品拥有比率（%）	16	25	25
新产品开发成功率（%）	40～50	40～50	40～50
核心产品更新换代速度	慢	慢	慢

（4）南达乳业乳制品品牌种类　截至2020年南达自有品牌共有5大系列，分别是音苏提品牌系列、冰川牧场品牌系列、南达品牌系列、喀

拉昆仑品牌系列和音苏盖提品牌系列。其中喀拉昆仑品牌系列主要生产果蔬饮料和矿泉水产品，音苏盖提品牌系列主要生产高端冰川水产品。

涉及乳制品品牌的有音苏提、冰川牧场、南达三个品牌系列。音苏提乳制品高端品牌系列，共有4个单品，分别是音苏提有机纯奶粉、音苏提利乐砖纯牛奶、音苏提利乐枕纯牛奶、音苏提酸奶酪。冰川牧场乳制品高端品牌系列，共有5个单品，分别是冰川牧场红枣利乐枕喀什红枣牛奶、冰川牧场有机利乐枕纯牛奶、冰川牧场有机纯奶粉、冰川牧场有机常温牛奶、冰川牧场有机酸奶酪。南达乳制品中端品牌系列，共有17种单品，主要生产酸奶、常温奶、乳制品饮料和学生奶等产品。

（5）南达乳业乳制品品牌市场销售情况（表7-3）　该数据由南达乳业乳制品销售部门相关负责人员提供。截至2020年南达乳业乳制品产品涉及奶粉、液态奶、酸奶、乳制品饮料、奶酪等三大系列、五大品类20多个品种。南达品牌系列产品主要在疆内销售，在新疆乳制品市场中占据40%左右的市场份额，销售模式包括南达烘焙坊体验店、超市、酒店、京东、淘宝、饿了么等本地实体+线上模式和异地经销商+线上模式。音苏提和冰川牧场品牌系列产品主要在内地销售，以开拓内地市场为主要销售目标，已经较为成熟的内地市场有西安、成都、上海、浙江、广州、深圳等地，主要销售模式以经销商+线上模式为主。

表7-3　南达乳业乳制品品牌市场销售情况

产品品牌系列	销售范围	销售模式	市场占有率（%）
音苏提品牌系列	疆内+疆外	经销商+线上	15
冰川牧场品牌系列	疆内+疆外	经销商+线上	15
南达品牌系列	疆内	经销商+实体店+线上	40

（6）南达乳业组织文化与人力资源情况（表7-4） 该数据由南达乳业人事管理部门相关负责人员提供。南达乳业2018—2020年，职工总数、研发人员、销售人员、大专、本科、硕士及以上人员总数变动均不大。从总体上看员工总数在240～260人，研发人员数在20人上下，约占职工总数的9%；销售人员总数在50人上下，约占职工总数的19%；大专学历人数在30～40人，约占职工总数的11%；本科学历人数在20人上下，约占职工总数的9%；硕士及以上学历人数为2人，占职工总数不及1%。由此可见，南达乳业人员文化程度和专业技术力量与同行平均水平相比缺乏竞争力，食品营养、食品研发、工艺美术设计等方面的人才尤为缺乏。

表7-4 南达乳业组织文化与人力资源情况

项目	年份		
	2020	2019	2018
职工总数（人）	241	264	243
研发人员总数（人）	23	20	17
销售人员总数（人）	56	51	53
大专学历人数（人）	31	42	32
本科学历人数（人）	22	24	19
硕士及以上学历人数（人）	2	2	2

（7）南达乳业财务状况（表7-5） 表7-5中数据由南达乳业财务部门相关负责人员提供。2018年南达乳业品牌价值约2.5亿元，资产总额达2.6亿元，销售收入总额达1.27亿元，其中与乳业相关业务收入额达1.24亿元，占销售收入总额的97%；广告投放费用约130万元，占乳业

相关业务收入的比例约为1%；研发投入费用约112万元，占乳业相关业务收入的比例约为1%；成本费用总额约1.3亿元，主要用于奶源基地建设、饲草料基地建设、生产线引进等固定资产投入，成本费用高于销售收入，销售利润总额亏损约420万元。2019年南达乳业品牌价值约3亿元，资产总额达3亿元，销售收入总额达1.34亿元，其中与乳业相关业务收入额达1.31亿元，占销售收入总额的97%；广告投放费用约109万元，占乳业相关业务收入的比例约为1%；研发投入费用约105万元，占乳业相关业务收入的比例约为1%；成本费用总额约1.4亿元，主要用于前期待建工程的建设，成本费用高于销售收入，销售利润总额亏损约490万元。2020年南达乳业品牌价值约3亿元，资产总额达3.4亿元，销售收入总额达1.82亿元，其中与乳业相关业务收入额达1.45亿元，占销售收入总额的80%，与2018年和2019年相比，产品开始趋向于多元化发展，冰川水、果蔬汁、特色糕点等产品已开始销售获利；广告投放费用约53万元，与2018年和2019年相比，广告投放费用缩减了近一半，占乳业相关业务收入的比例不到1%；研发投入费用约116万元，占乳业相关业务收入的比例约为1%；成本费用总额约1.7亿元，成本费用低于销售收入，销售利润总额约1 380万元，账面开始扭亏为盈。

表7-5　南达乳业财务状况

财务项目名称	年份		
	2020	2019	2018
品牌的价值估值（亿元）	3	3	2.5
资产总额（元）	340 606 911.54	302 896 040.41	263 148 881.30
销售收入总额（元）	182 571 061.50	134 504 609.04	127 331 703.00

（续）

财务项目名称	年份		
	2020	2019	2018
本年与乳业相关业务收入额（元）	145 561 643.43	131 140 160.30	124 977 744.03
销售利润总额（元）	13 801 915.05	−4 937 454.13	−4 244 278.44
研发投入费用（元）	1 169 866.36	1 054 591.70	1 127 957.34
企业广告投放费用（元）	532 254.21	1 099 750.85	1 313 063.25
成本费用总额（元）	172 185 580.20	142 631 780.70	134 004 132.00

（二）南达乳业有限公司品牌发展存在的问题及原因

1. 决策层对品牌发展内涵缺乏系统性理解

决策层在经营过程中，已经意识到品牌发展的重要性，2013年曾花费60万元聘请欧洲知名设计团队设计高端产品品牌"四叶草"标志，近三年年均花费10万～20万元将品牌设计外包给专业设计机构。然而在实际实施品牌发展战略的过程中，将过多的精力用于"模仿、创造"高端名牌产品，是典型的拿来主义思想，是对品牌发展内涵理解不够深刻导致的。通过品牌发展提高品牌的竞争力是一个复杂、系统的过程。在现实的经济生产中，品牌发展与企业的运作系统紧密相关，企业运作系统一般分为企业内部系统和外部系统。内部系统是指通过管理资源的配置，使采购、生产、储运、营销、服务、财务、研发和人事等活动依循各种规则运转起来，以实现企业的各种目标。外部系统主要是指人口环境、经济环境、技术环境、自然环境、政治和法律环境、社会和文化环境对企业内部系统的影响。因此，决定企业品牌发展的内因是企业的内部系统，外因是企业的外部系统。简单、片面地"模仿、创造"高端名牌产品是无法彻底实现品牌发展战略目标的。

2. 组织架构有待优化

大数据时代，缺乏部门之间协作的扁平化管理模式和直线性组织架构将会被淘汰。取而代之的是统筹各部门分工与协作的数据化、多元化管理模式和树状或网状组织架构。网络去中心化使产品生产、研发等核心技术领域越来越透明、趋同，致使竞争向服务即满足消费者个体化需求方向倾斜。因此，企业产品服务相关部门的缺失或功能弱化将直接降低企业的"学习"能力，导致企业"产、学、研、销"体系脱节。在此情况下，企业会依赖外力"外包"来寻找突破。这样不仅降低了企业品牌发展的内部能动性，还弱化了企业对品牌发展的控制能力，加之质量无法保证和信息不透明，将会大大影响企业品牌的良性发展。

3. 人力资源开发和管理能力有待提高

企业合理的人力资源开发和管理决定企业各部门的运营能力和各部门之间的统筹能力，同时也决定人才在各部门分布和其价值的发挥。企业品牌的发展不能局限在"模仿、创造"高端名牌产品，不能只把优秀的人才力量集中在产品研发部门上，而是要统筹生产、销售、服务、研发等各个部门，做到有层次、有先后、有重点、有统筹地进行人才招聘培养。要把人力资源作为推动企业品牌发展的核心动力而不是外包服务。从表7-4"南达乳业组织文化与人力资源情况"看，南达乳业研发人员总数和高学历（本科及本科以上）人员总数占职工总数的比例非常低，并且研发人员和高学历人员主要集中在产品研发部门，而在产品服务、产品质量检查、产品销售、工艺美术设计、人力资源管理等部门很少招聘相关高学历的研究人员。这种高质量人才的缺乏和高质量人才在各部门之间分布的严重不均,将会严重制约企业未来品牌发展战略的顺利实施。

4. 资金投入不足

研发投入费用和广告投放费用不足会直接导致企业产品在生产和销售端失去核心竞争力,不利于品牌成长和长期发展。研发投入费用方面,高新技术企业和国家重点企业研发投入一般标准为销售收入5 000万元以下企业,研发费用的占比为6%;销售收入5 000万至2亿元的企业,研发费用的占比为4%;销售收入2亿元以上的企业,研发费用的占比为3%。而南达乳业作为国家及新疆维吾尔自治区认定的农业产业化国家重点龙头企业,其资金在研发方面投入明显不足,2018、2019、2020年研发投入费用分别为112万元、105万元、116万元,占同年乳业相关业务收入的比例约为1%。广告投放费用方面,需从产品品类、市场容量、销售渠道数量、销售对象、产品价格及品牌知名度等多方面考虑。一般快消食品企业的广告费用占销售额的7%~10%。2020年南达乳业广告投放费用约53万元,与2018年和2019年相比,广告投放费用约缩减了一半,占乳业相关业务收入的比例不到1%,明显低于一般水平。由于企业体量小、产品销售地区单一等现实情况的制约,盲目地节省广告资源,不是有利于品牌发展的战略。在大数据营销的当下,找准市场、顾客、渠道,以及可以影响购买决策的媒介,进行精准传播,才是主流的传播战略,才能对企业品牌的发展起到积极的推动作用。

5. 品牌盈利能力有所下降

新疆乳品加工生产企业有60多家,日均鲜奶加工达千吨以上的成规模的乳品加工生产企业有10余家,加之伊利、蒙牛等外来知名企业的竞争,新疆乳业市场竞争十分激烈,南达乳业的生存空间也被进一步压缩，只能在守住喀什和南疆主阵地的前提下谋求多元化产品发展。2018—2020年南达乳业乳制品相关业务收入年增长额保持在1 000万元左右，但是2018年和2019年乳业相关业务收入占销售收入总额的97%，到2020年这一占比下降到了80%。从这一数据不难看出，南达果蔬、南达冰川水、南达烘焙等产品正在形成南达新的品牌和经济效益。而南达乳业乳制品，其盈利能力也将会有所下降，这将不利于南达乳业乳制品品牌的发展。

6. 品牌销售渠道分布有待改善

经过前期市场调查，南达乳制品品牌在新疆认知度呈现明显的区域性特征，主要表现是北疆认知度低，但是在南疆地区认知度高。明显反映了品牌销售渠道存在局限性。同时南达乳业虽然在京东、淘宝等电商销售，但是都是经销商代销模式，并没有成立自有直营的旗舰店。在移动互联网的时代，品牌互联网宣传、营销"懒不得"，不能简单地利用外包和经销商模式而放弃自主学习的机会，这样会对品牌的发展失去主动性和控制性。

此外，新疆的乳制品市场对全国来讲只是非常小的一部分，所以南达乳业不能只局限于新疆市场，更不能仅仅只在南疆喀什地区谋求发展。创新产品品种、延长保质期、加强冷链运输能力，开拓疆外市场才是必然之举。虽然在疆外，南达乳业进行了一系列的投资，但是投资力度还远远不够，南达乳业在疆外所有市场的利润总额只占总利润的很少一部分，由此可见南达乳业在疆外市场的投资还相对较少。

（三）南达乳业有限公司品牌发展的优劣势分析

为促进南达乳业品牌的健康发展，必须正确认识品牌发展当前所处的优势和劣势，以及面临的机遇和挑战，加以全面、系统、科学地分析和判断。本研究将采用SWOT分析法对南达乳业品牌发展进行了实证分析。

1. 优势

（1）奶牛养殖资源优势　喀什地区自然条件严酷，与新疆北部湿润地区相比，牧草资源相对贫乏，但由于新疆地域辽阔，横跨帕米尔高原、西昆仑山和塔里木平原3个地貌单元，相对增加了牧草植物的丰富度。喀什地区辖一市十一县，草地总面积341.12万公顷，可利用面积287.13万公顷，分别占新疆土地总面积的26.7%与25.5%。草原划分为9个草地类型，主要分布在巴楚-泽普区域、塔什库尔干区域和叶城三个区域。南达乳业即将完工的3个大型奶牛养殖场，正是依托南疆草地资源优势而建，草场远离城市，城市的工业生产所排放的废水、废气、废渣对草场几乎没有影响，养殖场区相对封闭，出产奶牛没有受到污染。奶牛在天然草场放牧，吃的是天然牧草，喝的是融化的雪水、泉水，几乎不使用饲料添加剂。所以内地人常说新疆牧区的奶牛吃的是中草药（芦苇、甘草等），喝的是矿泉水（雪水、矿泉水等），产出来的牛奶是"有机、绿色、黄金"奶。除此之外，2004年南达兼并了喀什地区种畜场，在长期的养殖生产实践中积累了丰富的经验，培育了新疆褐牛、南疆牛等优良品种，在奶牛繁殖育种领域具有优势。

（2）政策优势　从国家层面看，乳业发展正在从"十三五"时期的"高定位、保生产、调结构、绿色发展"向"十四五"时期的"创新发展、产业体系化发展、循环发展、开放发展"转型。政策及资金支持将由快速发展向稳定发展转变。"十四五"期间乳业龙头企业将是政策红利的最大受益者。从自治区层面看，2020年自治区科技厅启动了自治区科技重大专项"新疆奶业创新项目",项目总投资2 200万元,围绕新疆奶产业发展需求,以"高产奶牛养殖-乳品研发生产-品牌竞争力"全产业链问题为导向,开展共性技术和关键技术研究、集成、推广和示范,将实现"奶牛养殖-乳品加工-品牌营销"全产业链关键技术升级的目标,为行业产品优化升级和高质量发展提供技术路径和研究示范,促进新疆奶业高质量发展。从喀什地区层面看,2018—2020年,喀什地区政府向南达乳业年拨款高达1 500万元,扶持资金覆盖奶源基地项目建设、大中型沼气工程建设、高效节水灌溉项目建设、种子母牛场项目建设等资产相关政府补助和大学生实习支教计划专项经费,喀什市财政局社保补贴,喀什市农业农村局农产品销售补助款、青贮补贴款、稳岗补贴等收益相关政府补助。由此可见,南达乳业作为国家和自治区级的农业产业化重点龙头企业在"十四五"期间会继续在国家、政府的助力下茁壮发展。

(3)产品技术优势 南达乳业一期投资8 500余万元,建成了日处理鲜奶300吨的液态奶和奶粉生产线,并在通过ISO 9001质量管理体系、ISO 22000食品安全体系认证的情况下有效运行;南达乳业被国家民委批准为民族特需品定点加工企业;被自治区学生饮用奶计划协调领导小组办公室批准为新疆"学生饮用奶"定点生产企业;已获得国家出口食品企业卫生注册资格。依托喀什地区资源、地缘和区位优势,南达乳业与中国农业大学、新疆大学、新疆农业大学进行产学研合作,开发乳品清真产品,主要产品有"昆仑雪"品牌全脂奶粉;"南达"品牌液态奶和酸奶系列产品,并被自治区评为农业名牌产品。南达乳业畜牧良种牛繁育基地,一期投资7 500余万元,建成了集科研、养殖、育种为一体的现代化良种奶牛繁育基地。高起点引入了美国、澳洲的高产奶牛，引进了瑞典智能化挤奶系统和意大利TMR饲喂系统，建立了奶牛身份自动识别系统和疫病防控体系，实现了养殖机械化、管理信息化。

（4）本土化优势　南达乳业有限公司作为新疆本土化乳制品品牌，在新疆当地市场有一定的影响力，具有一定的市场竞争优势。目前公司已发展成为疆内规模较大的专业生产乳制品的企业之一，集奶牛基地、乳品加工、产品销售为一体，"南达"品牌液态奶和酸奶系列产品畅销喀什、阿克苏、和田、克州等地州、南疆各驻军部队、生产建设兵团，得到广大消费者的普遍认可和青睐。"昆仑雪"品牌全脂奶粉畅销长江三角洲、珠江三角洲和中西亚等国家和地区。

（5）安全的奶源保障体系　南达乳业有限公司在建南达冰川牧场、巴楚南达畜牧、岳普湖南达畜牧等自有奶源基地工程2022年已陆续完工，新增3个大型奶牛养殖场，自有奶牛存栏数达到5 000头，日奶源供给量达到1 000吨，自有奶源控制能力达到65%～70%。

南达乳业畜牧良种牛繁育基地，集科研、养殖、育种为一体，高起点引入了国外高产奶牛，并且在长期的养殖生产实践中积累了丰富的经验，培育了新疆褐牛、南疆牛等优良品种，在奶牛繁殖育种领域具有优势。

南达乳业有着得天独厚的绿色奶源资源，而且品质优良，奶源稳定，可以为乳制品生产提供原料和品质保证。尤其是巴氏奶，对原料的要求较高，必须是新鲜、洁净的牛奶。与同类奶制品生产企业相比优势明显。同时南达乳业有限公司是创业板上市公司南达新农旗下的子公司，无论在奶源安全质量还是企业融资平台构建，在新疆地区来讲都具备一定的品牌优势。多年来公司狠抓产品质量，靠过硬的产品质量抢夺市场先机，为公司占领当地市场份额奠定了坚实的基础。

2. 劣势

乳制品品类的保质期、库存循环期及运输期直接影响乳制品的销售范围。因此，乳制品的生产、销售、使用具有很强的区位性。南达乳业在南疆地区拥有良好的区位优势，加之乳制品属于食品消费中的快消品，在保证区位优势的前提下合理的营销策略及严格的产品生产和质量安全保障是南达乳业在喀什及南疆地区维持良性可持续发展的关键。但同时区位也是南达乳业向外发展的最大壁垒，南达品牌虽然在喀什及南疆地区具有一定的影响力，但对整个新疆和疆外地区影响力较弱；对于高端客户，南达乳业产品的吸引力也比较有限。因此，产品品类的优化调整及大数据网络时代的营销手段将决定南达乳业品牌在"十四五"期间的发展。

（1）公司缺乏品牌战略性规划　南达乳业是喀什及南疆地区现有的规模较大、产业链较完整、专业性较强的乳制品研发、生产、销售企业之一。但在信息化、数据化、网络化的当代，在面对"十四五"时期乳业的创新发展、产业体系化发展、循环发展、开放发展的转型，南达乳业对乳品品牌战略的规划缺乏长远考虑，对公司品牌发展未来的战略目标及定位不清。首先南达乳业在喀什甚至是全疆其乳制品品牌都具有一定的知名度和影响力。从市场需求来看，乳制品产业在整个食品产业分布中占比较大，乳制品是生活必需品之一，是食品消费中的快消品，有着非常巨大的需求潜力。从乳业发展趋势来看，"十四五"期间，是乳业由快速发展向稳定发展的转型期，国家对乳制品企业发展的支持方式将从鼓励全面发展转向支持重点发展，整个乳制品行业结构将在调整中得到优化。作坊、中小企业将会因为失去政策红利而被整合，甚至淘汰。而重点龙头企业国家将加大研发、产业体系化、可持续发展等方面的投入，使其真正发挥推动行业发展和带动产业链经济和稳定就业的作用。然而南达乳业却未能在有力政策发展环境下保持乳制品产业的增长式发展。对企业的决策层来说，将过多的精力用于"模仿、创造"高端名牌产品，是典型的拿来主义思想，是对品牌发展内涵理解不够深刻的表现。通过品牌发展提高品牌的竞争力是一个复杂、系统的过程，需要通过资源配置，使采购、生产、储运、营销、服务、财务、研发和人事等部门依循规则和发展需要运转，并保持各个部门间的协作。任何一个部门的脱节或是将其简单外包，都会弱化企业对品牌发展的控制能力，将会大大影响企业品牌的良性发展。

（2）品牌文化建设薄弱　品牌文化，是将无形、抽象的企业文化即企业全体成员所共同拥有的价值观体系和态度倾向，通过文案、音视频等宣传手段以直观、形象的外在感受呈现出来，是在给一个品牌注入强烈的文化内涵和生命活力，用其明确的品牌定位来取得其消费群体的高度关注、高度认可和高度忠诚。而南达乳业在品牌文化建设方面存在明显不足。一是对品牌文化的认识片面，认为"高端"就是文化，"时髦"就等于引领。二是在品牌文化建设方面，以被动"外包"替代主动创造。三是宣传意识淡薄，虽建立了自有网站，但其介绍的内容极其简单。除此之外，在淘宝、京东等网络销售平台至今没有设立自己的直营店，这在很大程度上影响了品牌的知名度，阻碍了品牌效应的扩大。

（3）人才缺乏　南达乳业有限公司位于新疆喀什市，地处偏远地区，在人才招聘上劣势较为明显。公司现有人员文化素质整体水平较低，尤其是缺乏高学历研发、技术、销售、管理人员。公司对于人才引进计划缺乏持续长效的战略部署，同时公司高层在管理岗、一线员工岗等人员配备上储备不足，一旦企业出现大的员工流动，难以有效规避流动风险。对于员工绩效考核等激励制度，公司现有薪酬制度难以体现出员工的差异，缺乏绩效考核与工资的联动，因此无法有效地调动员工的劳动积极性。此外，公司要注重技术引进，尤其技术从属人员的大力引进，企业的生存离不开技术，产品质量的提高，新产品的研发，产品品牌的布局都离不开技术的支撑，技术的根本就是技术人才，所以南达乳业的技术人才匮乏及员工激励机制的完善有待长期改进。

（四）南达乳业有限公司品牌发展对策

1. 提高决策层对品牌发展内涵的系统性理解

（1）优化企业管理体系　企业自身及其品牌的健康持续发展离不开企业管理体系的现代化建设，企业管理体系的现代化建设决定企业各部门的运营能力和各部门之间的统筹能力。优化企业管理体系，主要表现为：①将原有的规章制度进行充分的完善，根据企业的具体情况，及时发现问题，避免因为疏漏造成各种风险，影响经营；②建立合理的管理制度，设立不同的部门对公司进行管理，将决策权、执行权及监督权分开，相互制衡，不能让权力全部掌握在一个部门或某个人手中；③加强内部监督管理，在企业的经营过程中，设立专门的监督部门进行监管；④管理人员一定要定时进行学习与培训，提高管理人才的管理能力及水平；⑤取消缺乏部门之间协作的扁平化管理模式和直线性组织架构，建立统筹各部门分工与协作的数据化、多元化管理模式和树状或网状组织架构。

（2）优化企业管理体制

1）加强渠道管理　为建立有利的营销渠道，企业应该认真学习内地乳企的销售方法，而不是遇到问题就通过简单的外包手段求得解决。企业营销团队必须专业，考虑地方特色，运用各种营销形式，建立对应的营销道路，优化销售终端，渠道成员需建立起合伙关系，实施通路结构的扁平化。企业可以探索运用一些乳品供应链系统，如O2O、互联网+等，注重打造品牌及渠道的创新，达到营销低成本、运作高效率，并提高经济效益和品牌价值。

2）加强经销商和零售商的管控力度　选择经销商时一定不能大意。选择的经销商除具有高信誉度且经营合法之外，还需具有很强的合作意愿，具备物流、存储、资金整合的素质，拥有良好的分销水平，自身需有较好的经营规模及经营能力，另外，关于注册资金、人员能力、财务情况都需达到一定标准。在选好经销商之后，经过对其进行周期性训练，使其心中对企业有一定认同感的同时掌握一定的专业知识。在培训一段时间过后，从中挑选出拔尖的经销商。对于零售商，可通过建立相应的制度体系和监督体系，来对零售商进行约束。公司定期对零售商店培训终端产品的陈列技巧、库存的管理方法等方面，可通过推出新品、增加促销等方式提升零售商销售业绩，增加零售商对品牌的认可度。

（3）优化服务机制　在产品同质化的时代，好的服务可以另辟蹊径吸引更多的消费者，增加产品的销量，提高产品品牌的知名度。优化服务机制，提高服务水平的具体措施有：①进行第三方调查，及时征求各方面意见，并制订整改措施，做好反馈工作，赢得广大客户的信赖。②完善激励和监督考核机制，将优质服务的监督、检查与奖惩有机结合。要把优质服务纳入年度工作目标考核，对优质服务的工作目标、内容、进度、成效细化分解。③对在服务工作中表现出色的人进行宣传和奖励，以树立良好的典型，规范企业服务行为。

2.加强奶源基地建设

中国有句古话："合抱之木，生于毫末；九层之台，起于累土。"只有从源头开始、从细节着手，才能最终让消费者放心。乳制品品牌能否健康持续发展与奶源基地的建设有着密不可分的关系。然而奶源基地建设不是一蹴而就之事，只有扎扎实实做好奶源基地的管理工作和原料奶质量安全工作，才是发展奶源基地的根本保障。

（1）加强奶源基地管理　第一，针对新建的牧场需要加强管理，对于收购来的牧场也要建立起统一的管理制度，通过健全的管理模式，提高整个牧场的管理水平。第二，加强技术交流，实施精准饲喂，实现公司牛群产奶量和单产水平稳步提高。第三，加强同国内知名专家和专业养殖企业的合作，为提升奶牛饲养水平提供坚实的技术后盾。

（2）加强原料奶质量安全　为保障奶牛健康、原奶品质，第一加强对奶源质量的管理，在奶源质量上必须依照国家食品安全法严格执行，不容许有丝毫的偏差，对于质量上的把控一定要精益求精，绝对严格；第二对原奶的质量做出一系列排查，杜绝问题原奶的出现，利用科学技术手段，先进的生产设备来完成，使因为原奶质量引发问题的风险程度降到最低；第三加大原奶质量检测，加大试验检测仪器设备和人员投入，加强抽样分析监测；第四强化牧场日常防疫工作，落实规范化疾病防控操作，达到整个牧场的净化高要求。

3.加强人才保障

人才的培养和储备是实现品牌发展的基础。南达乳业要完善适应本公司品牌发展的人才梯队建设。根据公司品牌发展各个阶段的需要，定人定岗，完善晋升机制，对于企业所有岗位的任职人员采取优胜劣汰的制度，形成人才的梯队建设，保证企业人力资源的合理配置。除此之外，还要加强教育培训，搞好人才资源能力建设。公司需要列举出自身品牌发展所需要的重点岗位，对于这些岗位的人才需要注重培养，除了基本的业务能力，还需要注重培养员工的自身素质，爱岗敬业的责任心，通过积极鼓励员工的创新精神，给员工设定发展前景，打造优良的学历培训环境，从而形成一支全面发展的人才团队，为企业品牌的长期稳定发展奠定坚实的基础。

4. 加强科技创新

为了满足市场的各种高要求，利用先进的科学技术不断创新才能，保证品牌未来的健康持续发展。南达乳业在发展过程中，除了不断地扩大资金投入，更加需要不断地创新，研发新产品，适应市场的需求，提高品牌的市场竞争力。具体表现在以下几个方面：①不断提高专利产品的研究与开发，实现拥有独立的知识产权，在企业内部实行奖励制度，增加科研人员的工作积极性。②通过国内外科研院校的合作交流，建立和完善考核激励机制，制订科技创新奖励办法，建立一支技术过硬、能出成果的人才队伍。③引进高端人才和新技术，打造新品类，扩长板、补短板，突出市场需求导向，加快技术升级和设备更新。④学习借鉴国内外先进的技术，借助社会团队的力量使产品创新由集成创新向原始创新转变。

5. 优化产品结构推动南达乳制品品牌发展

（1）通过市场细分优化产品结构　新疆乳制品企业目前技术方面缺乏创新性，产品同质化现象严重，加之网络去中心化使产品生产、研发等核心技术领域越来越透明，即使有企业自主研发高品质发酵乳品，但是技术容易被模仿，缺乏技术壁垒的保护，致使竞争向服务即满足消费者个体化需求方向倾斜。因此，优化产品结构就必须通过充分的市场调研，对乳制品市场进行细分，将细分市场中有相同或是相似需求的消费者作为一类消费群体，根据不同消费群体的消费需求特征研发新产品，提升新产品在目标消费群体中的品牌感知质量，增加目标消费群体对新产品的满意度，最终建立目标消费群体对新产品品牌的忠诚度，以此不断提升品牌价值，从而巩固已有市场，同时为开拓新市场打牢基础。

（2）通过优化产品结构突破发展壁垒　乳制品品类的销售范围受保质期、库存循环期及运输期的制约，这是乳制品向外发展的最大壁垒。南达乳业乳制品品牌优势要想走出南疆、面向全疆甚至是全国，就必须优化现有产品结构，在干酪、奶酪、奶粉等保质期长、受库存循环期及运输期制约小的新产品上加大研发投入和研发人员的比例，充分发挥科技人员的积极性和创造性，做好研发工作。只有这样，南达乳业乳制品品牌才能真正做到长期持续发展。

6.优化品牌资产提升品牌价值

（1）提高消费者的品牌感知质量，大力提升品牌价值　消费者对品牌质量产生的一种非客观性的抽象感受被称之为感知质量。消费者的主观感受是以品牌质量的客观存在为根本前提。在品牌资产的不同维度之间，感知质量对其他维度起到了一定的支撑和保障作用，提高品牌的感知质量不仅是提高物质性的质量。感知质量的基本组成要素是产品和服务，改善品牌的感知质量需要从这两个部分同时着手。

（2）培养消费者的品牌忠诚度，不断提升品牌价值　品牌忠诚度是较品牌感知质量后对乳制品的功能性品牌价值有着较大影响的品牌资产维度。品牌忠诚度是品牌资产构成维度中的重中之重，也是营销理论中的重要概念之一。创造利润、降低营销成本是品牌忠诚对企业的贡献，同时品牌忠诚也无疑成为企业获得高品牌价值的重要突破口。无论品牌的发展如何，品牌忠诚所带来的口碑效应是每个乳制品企业都期望的。对于品牌忠诚度的培养，应该从保持消费者的乳制品满意度和提供超额的乳制品服务两个方面强化消费者的品牌忠诚度。

（3）树立品牌形象，助力提升品牌价值　在市场和整个社会中，形象往往被比喻成品牌的一张名片。一个品牌的形象对品牌的非功能性价值有着更强的相关性和影响性，良好的品牌形象会直接影响消费者对乳制品的选择。无论品牌大小，其形象都是客观存在的。良好的品牌形象会为品牌和企业加分不少，是企业在进行品牌拓展和品牌延伸时的敲门砖。树立良好的品牌形象还可以减少品牌运营过程中的阻力，使品牌不断地向前发展。树立良好的品牌形象应从创造绿色、健康的品牌个性和积极参与公益事业两个方面进行。

（4）扩大品牌知名度，提升品牌价值　在当今的乳制品市场发展中，品牌知名度作为品牌企业长久发展的前提，它也会源源不断地创造着价值。对于新品牌或者正在成长中的品牌，创造、提升品牌知名度是企业打开市场之门的有力武器。对于已经成熟的品牌，品牌知名度是企业建立强势品牌的重要支撑。对于品牌知名度的提升，应从开展广泛的乳制品宣传活动创建品牌知名度，创建独具一格的品牌口号、名称和标志深化品牌知名度和注重乳制品的包装拓展品牌知名度三个方面进行。

7. 优化品牌营销策略，提升品牌价值

（1）优化品牌战略，打造品牌效应　品牌价值的提升并不是一个孤立的问题，它与企业的其他品牌策略紧密联系在一起，是一个全局性的问题。把品牌的一系列策略看成一个统一体将有助于企业制订、实施有效的品牌战略。获得品牌价值并能不断提升的有效方法是综合运用现有的品牌资源。品牌战略能将品牌知名度、品牌忠诚度、品牌形象和感知质量对品牌价值的不同效用有效地整合在一起，强化品牌资源各维度之间对品牌价值的提升力度。制订品牌战略是企业品牌的长久发展之计，按照既定的计划实施品牌策略，打造品牌效应，可以使品牌在未来立于不败之地，不断地扩充品牌价值。

（2）实施品牌创新，拓展品牌需求　随着消费水平的提高，人们对乳制品的挑选变得更加严格和多样。企业要想在不断变化的市场环境中存活，关键的法宝是实施创新，而品牌获得竞争优势的强大工具是实施品牌创新。在科技不断进步和经济高速发展的时代，越来越多的新鲜事物开始闯入消费者的生活中。受到整个社会环境的影响，消费者的需求不再单一，消费者对产品或者服务的需求多样化趋势越来越强，面对激烈的市场竞争，实施品牌创新才可以不断地满足多样化的消费者需求，才可以有效地阻碍竞争对手。实施品牌创新，能够源源不断地为品牌发展注入新的活力和生命力，保障品牌可以在市场中长期发展，让品牌变得更加有价值。

（3）重视品牌文化，创建品牌精神　通常，文化具有某种精神层面的涵义。品牌文化预示着一个品牌的中心思想，它代表了品牌的价值观走向。随着社会精神文明程度的增强，消费者对精神层面的追求和需求日益旺盛，品牌当然也不例外。由于品牌的文化内涵从某种程度上能够代表消费者的品味、身份和地位等个人社会特征，所以品牌文化开始受到越来越多的消费者关注。消费者希望购买的品牌能够与主流文化及社会价值观相符合。不断推动品牌文化贴合消费者的价值取向是建设、发展品牌文化的方向，而赢得众多消费者的青睐是建设品牌文化的目标。品牌文化已经逐渐被融入品牌发展的结构和内容中，品牌发展创造着价值。

（4）优化广告投放渠道，提升品牌价值 消费者在购物时，不会选择购买陌生的产品，所以一定程度地广告推广是产品进入市场不可或缺的一步，只有这样顾客才能了解企业的产品。南达乳业虽然通过电视、微博、微信等宣传媒体进行了推广，但这些措施宣传效果并不理想，因此需要优化广告投放渠道，提升品牌价值。具体措施如下：①根据乳制产品的特性和受众人群，去选择适当的广告媒体。②企业进行广告推广的目标就是提升产品影响力，增加消费者对产品的购买欲，使销量提高，但是广告推行媒体并不会被所有消费者所接触，消费者也并不会因看到广告而产生购买意愿，所以这对企业广告推行的质量提出了挑战。③通过选择合适的媒体与科学投放广告确实有利于企业的发展。广告媒体为实现真正的整合媒体与完善推广效果，基于消费者的产品接受心理，坚持以销售为核心。在推广方案上，实施整体协同与相互配合的方法来达到广告宣传的作用。以真实情况在电视、报纸等媒体间进行"整合搭配"。④若企业缺乏专业的分析师且没有丰富的市场数据，制订广告投放策略时，一般很难达到科学全面。这些公司可以通过求助一些优秀的广告投放策略公司、市场研究公司来寻求解决问题的策略。

参考文献

邴红艳，2002．品牌竞争力影响因素分析［J］．中国工程科学（5）：79-84．

范莉莉，江玉国，2016．基于熵值法的钢铁企业低碳竞争力评价［J］．软科学，30（8）：42-46．

胡大立，谌飞龙，2007．论品牌竞争力的来源及其形成过程［J］．经济管理（18）：40-44．

季六祥，2002．我国品牌竞争力的弱势成因及治理［J］．财贸经济（7）：58-62．

兰清，2009．新疆乳品企业核心竞争力分析与评价［D］．乌鲁木齐：新疆财经大学．

沈占波，2005．论品牌竞争力潜力性指标体系构建［J］．商场现代化（8）：56．

施鹏丽，韩福荣，2008．品牌竞争力的DNA模型解析［J］．北京工业大学学报：社会科学版（2）：23-27．

孙国磊，2010．我国乳品企业品牌竞争力研究［D］．南京：南京航空大学．

王琦，余明阳，2007．品牌竞争力层级评估模型理论初探［J］．市场营销导刊（6）：54-57．

王玉莲．2011．农产品品牌竞争力评价指标体系及评价方法的构建［J］．求是学刊,38（6）：53-57．

徐玖平，张梦翔，冯江洪，2015．基于熵值法－双基点法的物流企业竞争力测度研究［J］．西南民族大学学报：人文社科版，36（7）：122-126．

徐勤旭，2014．我国乳制品产业区域竞争力分析［D］．重庆：西南财经大学．

许基南，2004．品牌竞争力研究［D］．南昌：江西财经大学．

杨浩，任琳，夏合群，等．2018，基于熵值法下的宁夏乳制品加工业品牌竞争力评价研究［J］．黑龙江畜牧兽医（4）：10-13．

余明阳，刘春章，2006．品牌竞争力的理论综述及因子分析［J］．市场营销导刊（6）：44-47．

俞燕，2008．新疆乳品企业核心竞争力评价与提升研究［D］．武汉：华中农业大学．

张世贤，2000．略论品牌国际竞争力的提高［J］．南开管理评论（1）：20-23．

张亚伟，2015．中国奶业竞争力影响因素研究［D］．北京：中国农业科学院．

附录一 新疆乳企品牌认知度问卷调查表

您好!

首先感谢您的合作,这是一份新疆市场乳品品牌的调查问卷。本次调查旨在了解您对以下乳品品牌的看法及态度,以帮助相关企业完善品牌建设。问卷调查结果我们将严格保密,并保证仅用于学术研究。再次感谢您的支持与帮助!

请在 (   ) 内填写A、B、C······

1.您的性别: (   ) A.男性   B.女性

2.您的年龄: (   ) A. 15～24岁   B. 25～34岁

C. 35～44岁   D. 45～54岁   E. 55～60岁   F. 60岁以上

3.您的受教育程度: (   )

A.初中及以下   B.高中   C.大专及本科   D.本科以上

4.您所从事的职业 (   )

A.企业中高级管理人员   B.企业一般职员   C.公务员

D.学生   E.科教文卫工作者   F.自由职业者

G.离退休人员   H.其他_____

5.您的家庭月收入情况 (   )

A. 1 000元以下   B. 1 000～3 000元   C. 3 000～5 000元

D. 5 000～7 000元 E. 7 000～10 000元   F. 10 000元以上

6.您饮用乳制品的频率 (   )

A.很少   B.每月2～3次   C.每周1～3次

D.每周4～5次　　　E.每天至少1次　　　F.其他_____

7.您对乳制品的购买习惯（　　　）

A.基本固定一个品牌　　　B.比较固定2～3个品牌

C.基本不固定品牌

8.您选购乳制品时最注重的因素（请按重要程度排序）（　　　）

A.口味好　　　B.品牌　　　C.价格　　　D.营养成分　　　E.生产日期

F.购买方便　　　G.习惯购买　　　H.广告影响　　　I.其他_____

9.您是通过什么途径了解乳品的（多选）（　　　）

A.电视广告　　　B.专题节目　　　C.节目赞助　　　D.车载广告

E.电台广告　　　F.消费者现场参观　　　G.宣传册　　　H.小视频

I.淘宝网店　　　J.其他_____

10.您一般是在哪里购买乳类产品（多选）（　　　）

A.大型商超　　　B.周边超市　　　C.专卖店　　　D.小卖店　　　E.奶站

F.网上订购　　　G.早餐供应点　　　H.居民区预定　　　I.其他_____

11.您经常消费哪种乳产品（多选）（　　　）

A.常温液态奶（室温保存）　　　B.低温液态奶（巴氏奶）

C.低温酸奶（2～6℃保存）　　　D.常温酸奶（室温保存）

E.乳酪　　　F.冰激凌　　　G.奶粉　　　H.小区门口的散装牛奶

I.含乳饮品（奶啤）　　　J.其他_____

12.请问哪些广告能吸引您购买乳产品（多选）（　　　）

A.广告（媒体、报纸、电台）　　　B.降价促销　　　C.互联网广告

D.优惠券　　　E.专家推荐　　　F.朋友推荐　　　G.其他_____

13.您购买乳品时的顾虑是什么？（多选）（　　　）

A.担心质量没保证　　　B.担心口感不好　　　C.怕吃了不健康

D.对厂商不了解　　　E.价格偏高　　　F.没有促销活动

G.产品没有知名度　　　H.其他＿＿＿＿＿

14.您一般饮用乳制品的场合：（多选）（　　　）

A.早餐　　　B.口渴时　　　C.宵夜时　　　D.工作（学习）休息时

E.运动后　　　F.其他＿＿＿＿＿

15.您购买乳品时首先想到的是哪个品牌？先后顺序是（　　　）

A.西域春　　　B.天润（佳丽、盖瑞）　　　C.麦趣尔　　　D.瑞缘

E.南达　　　F.花园　　　G.蒙牛　　　H.伊利　　　I.其他＿＿＿＿＿

16.您选择西域春（　　　）、天润（　　　）、麦趣尔（　　　）、南达
（　　　）、瑞缘（　　　）、其他（　　　）的理由是：（　　　）

A.味道好　　　B.包装精美　　　C.品种多　　　D.服务好

E.品牌知名度高广告吸引人　　　F.其他＿＿＿＿＿

17.在未经提示的情况下，您能够正确辨认以下哪些品牌包装？先
后顺序是（　　　）

A.西域春　　　B.天润（佳丽、盖瑞）　　　C.麦趣尔　　　D.瑞缘

E.南达　　　F.花园　　　G.蒙牛　　　H.伊利　　　I.其他＿＿＿＿＿

18.在各品牌乳品品质相当的情况下，即使该品牌产品比其他品牌
的产品稍贵一些，你还是会选择购买该品牌（　　　）

A.西域春　　　B.天润（佳丽、盖瑞）　　　C.麦趣尔　　　D.瑞缘

E.南达　　　F.花园　　　G.蒙牛　　　H.伊利　　　I.其他＿＿＿＿＿

19.即使该品牌（　　　）一时缺货，你也不会购买其他品牌

A.西域春　　　B.天润（佳丽、盖瑞）　　　C.麦趣尔　　　D.瑞缘

E.南达　　　F.花园　　　G.蒙牛　　　H.伊利　　　I.其他＿＿＿＿＿

20.新疆乳品品牌您还知道哪些？＿＿＿＿＿＿＿＿＿＿＿＿＿＿＿＿＿

附录二 中国乳品企业品牌竞争力评价调查问卷

尊敬的专家:

您好! 本课题组正在做关于"新疆乳业品牌竞争力提升"的研究。前期通过咨询相关领域专家已确立基本指标体系,为使各指标的权重设置更合理,拟采用德尔菲法对各指标的相对重要性程度和部分指标进行调查,现邀请您就各指标的重要性按填表说明进行评判。本调查中所有数据仅用于学术研究,我们承诺对您提供的信息严格保密,请放心作答。感谢您的支持与配合!

第一部分 层次分析法判断矩阵系数打分

打分说明:

请您对问卷中提到的两个指标的相对重要性加以比较:问卷采用 $1 \sim 9$ 标度法,请在相应的表格中填入数字,数字标度的含义及说明见附表1-1,打分示例见附表1-2。

附表1-1 数字标度的含义及说明

重要性级别	含义	说明
1	同样重要	i, j相比较,具有相同的重要性
3	稍微重要	i, j相比较,i比j稍微重要
5	明显重要	i, j相比较,i比j明显重要
7	非常重要	i, j相比较,i比j重要得多
9	极端重要	i, j相比较,i比j极端重要

（续）

重要性级别	含义	说明
1/3	稍不重要	i，j 相比较，i 比 j 稍微不重要
1/5	明显不重要	i，j 相比较，i 比 j 明显不重要
1/7	非常不重要	i，j 相比较，i 比 j 不重要得多
1/9	极端不重要	i，j 相比较，i 比 j 极端不重要

注：a_{ij} = {2，4，6，8，1/2，1/4，1/6，1/8} 表示重要性等级介于 a_{ij} = {1，3，5，7，9，1/3，1/5，1/7，1/9} 相应值之间时的赋值。

附表1-2 示例打分

示例	A	B	C
A	1	7	3
B	—	1	1/5
C	—	—	1

请您依据上述打分说明填写附表1-3至附表1-15。

附表1-3 品牌竞争力一级指标重要性成对比较矩阵

品牌竞争力	品牌市场力	品牌管理能力	品牌基础能力
品牌市场力	1		
品牌管理能力	—	1	
品牌基础能力	—	—	1

附表1-4 品牌市场力二级指标重要性成对比较矩阵

品牌市场力	市场占有能力	品牌盈利能力
市场占有能力	1	
品牌盈利能力	—	1

附表1-5 品牌管理能力二级指标重要性成对比较矩阵

品牌管理能力	品牌形象力	品牌发展能力
品牌形象力	1	
品牌发展能力	—	1

附表1-6 品牌基础能力二级指标重要性成对比较矩阵

品牌基础能力	企业管理能力	技术创新能力	企业文化	企业家及人力资本能力	企业规模与集团化水平
企业管理能力	1				
技术创新能力	—	1			
企业文化	—	—	1		
企业家及人力资本能力	—	—	—	1	
企业规模与集团化水平	—	—	—	—	1

附表1-7 市场占有能力三级指标重要性成对比较矩阵

市场占有能力	企业品牌总数	销售人员总数	奶源控制能力
企业品牌总数	1		
销售人员总数	—	1	
奶源控制能力	—	—	1

附表1-8 品牌盈利能力三级指标重要性成对比较矩阵

品牌盈利能力	总资产报酬率	净资产收益率	销售利润率
总资产报酬率	1		
净资产收益率	—	1	
销售利润率	—	—	1

附表1-9 品牌形象力三级指标重要性成对比较矩阵

品牌形象力	品牌定位能力	品牌传播能力	品牌运作能力	品牌个性
品牌定位能力	1			
品牌传播能力	—	1		
品牌运作能力	—	—	1	
品牌个性	—	—	—	1

附表1-10 品牌发展力三级指标重要性成对比较矩阵

品牌发展力	总资产增长率	利润增长率	主营业务收入增长率
总资产增长率	1		
利润增长率	—	1	
主营业务收入增长率	—	—	1

附表1-11 企业管理能力三级指标重要性成对比较矩阵

企业管理能力	总资产周转率	成本费用利润率	企业广告费用
总资产周转率	1		
成本费用利润率	—	1	
企业广告费用	—	—	1

附表1-12 技术创新能力三级指标重要性成对比较矩阵

技术创新能力	研发投入	研发人员比例	专利项数
研发投入	1		
研发人员比例	—	1	
专利项数	—	—	1

附表1-13 企业文化三级指标重要性成对比较矩阵

企业文化	企业文化比较优势	企业文化建设投入
企业文化比较优势	1	
企业文化建设投入	—	1

附表1-14 企业家及人力资本能力三级指标重要性成对比较矩阵

企业家及人力资本能力	企业家才能	职工学历构成
企业家才能	1	
职工学历构成	—	1

附表1-15 企业规模和集团化水平三级指标重要性成对比较矩阵

企业规模和集团化水平	职工总人数	营业收入	企业资产总额
职工总人数	1		
营业收入	—	1	
企业资产总额	—	—	1

第二部分 专家打分

打分说明：

本研究中将品牌定位能力、品牌传播能力（即品牌知名度）、品牌运作能力（即品牌美誉度）、品牌持久发展能力和企业家才能设为定性指标，并将指标分成5个档次（很差，较差，一般，较好，很好），分别对应1～5分。1～5分分别表示不同的等级，等级之间只是对指标看法的程度不同。最小计分单位为1分，即以整数分值计量。具体定性指标5个档次说明见附表2-1。

附表2-1　定性指标5个档次说明

档次	很差	较差	一般	较好	很好
等级	1	2	3	4	5

请依据附表2-1定性指标5个档次说明填写附表2-2定性指标专家打分表。

附表2-2　定性指标专家打分表

项目	天润乳业	西域春乳业	南达乳业	瑞缘乳业	麦趣尔	伊利	新希望
品牌定位能力							
品牌知名度（品牌传播能力）							
品牌运作能力（品牌美誉度）							
品牌持久发展能力							
品牌个性							
企业家才能							
企业文化比较优势							
企业文化建设投入							

图书在版编目（CIP）数据

新疆乳业品牌竞争力提升研究 / 冯东河，王惠主编
. —北京：中国农业出版社，2023.3
ISBN 978-7-109-30991-3

Ⅰ.①新…　Ⅱ.①冯…②王…　Ⅲ.①乳品工业—品牌—市场竞争—研究—新疆　Ⅳ.①F426.82

中国国家版本馆CIP数据核字（2023）第147057号

中国农业出版社出版
地址：北京市朝阳区麦子店街18号楼
邮编：100125
责任编辑：张艳晶
版式设计：杨　婧　责任校对：吴丽婷
印刷：北京中兴印刷有限公司
版次：2023年3月第1版
印次：2023年3月北京第1次印刷
发行：新华书店北京发行所
开本：720mm×960mm　1/16
印张：12.75
字数：152千字
定价：72.00元